2023年度山西省高质量发展研究课题（SXGZL202375）
国家自然科学基金青年科学基金项目（52104165）
中国工程院战略研究与咨询项目（2023-DFZD-53，2023-DFZD-26）
山西省工业和信息化厅工信领域"十四五"规划实施情况中期评估项目[1499002023CCS02301（0632-2311FWSL1604）]
山西省应用基础研究计划面上项目（2020302123123）

《山西省"十四五"新装备规划》

中期评估报告

张 君／著

中国矿业大学出版社

·徐州·

内 容 简 介

本著作对《山西省"十四五"新装备规划》(以下简称《规划》)提出的重点任务、重大工程完成情况和规模效益、智能绿色、创新能力等主要目标实现情况进行了总结,主要介绍了评估背景与方法,《规划》总体实施进展情况;分析了重点行业领域发展情况,指出其发展优势及实施路径,在跟踪了解《规划》执行的进展情况的基础上,及时发现并指出当前《规划》实施面临的主要问题和风险挑战,提出进一步落实《规划》各项工作的具体对策,客观公正地分析山西省"十四五"新装备制造业的发展成效。

图书在版编目(CIP)数据

《山西省"十四五"新装备规划》中期评估报告/
张君著.—徐州:中国矿业大学出版社,2024.4
  ISBN 978-7-5646-6250-9

Ⅰ.①山… Ⅱ.①张… Ⅲ.①制造工业—经济发展—研究报告—山西 Ⅳ.①F426.4

中国国家版本馆 CIP 数据核字(2024)第 092450 号

书　　名	《山西省"十四五"新装备规划》中期评估报告
著　　者	张　君
责任编辑	潘俊成
出版发行	中国矿业大学出版社有限责任公司
	(江苏省徐州市解放南路　邮编 221008)
营销热线	(0516)83885370　83884103
出版服务	(0516)83995789　83884920
网　　址	http://www.cumtp.com　E-mail:cumtpvip@cumtp.com
印　　刷	江苏淮阴新华印务有限公司
开　　本	787 mm×1092 mm　1/16　印张 6.25　字数 160 千字
版次印次	2024 年 4 月第 1 版　2024 年 4 月第 1 次印刷
定　　价	30.00 元

(图书出现印装质量问题,本社负责调换)

序　言

2020年，习近平总书记在山西考察时强调，要大力加强科技创新，在新基建、新技术、新材料、新装备、新产品、新业态上不断取得突破。山西坚定落实习近平总书记重要指示，以敢为人先的勇气和胆识抢占先机，聚焦"六新"，坚决打赢打好"六新"攻坚战、争夺战，推动新兴产业引领转型。新装备既是发展"六新"的关键基础支撑，也是制造业转型升级、提质增效及融入国内国际双循环新发展格局的重要环节。

《山西省"十四五"新装备规划》（以下简称《规划》）是省级专项规划之一，是山西省装备制造领域全面贯彻省委高质量发展新要求的纲领性文件。两年多来，为推动《规划》的有效实施，著者跟踪了解《规划》执行的进展情况，及时发现存在的问题并提出相应对策措施。

本著作对《规划》提出的重点任务、重大工程完成情况和规模效益、智能绿色、创新能力等主要目标实现情况进行总结，并在充分考虑面临的问题和风险挑战基础上，提出进一步落实《规划》各项工作的具体对策，客观公正地分析山西省"十四五"新装备制造业的发展成效。

著　者

2024年3月

目 录

第1章 评估背景与方法 ································· 1
 1.1 评估背景 ··· 1
 1.2 评估原则 ··· 1
 1.3 评估方法 ··· 1
 1.4 评估步骤 ··· 2

第2章 《规划》总体实施进展情况 ····················· 3
 2.1 主要指标进展情况 ······························ 3
 2.2 重点行业领域发展情况 ························ 7
 2.3 重大战略任务推进情况 ························ 34
 2.4 重大工程进展情况 ······························ 39

第3章 《规划》实施面临的主要问题和风险挑战 ······ 42
 3.1 外部环境变化的影响分析 ····················· 42
 3.2 当前存在的主要问题和不足 ·················· 43

第4章 进一步推进《规划》实施的对策建议 ·········· 44
 4.1 聚焦布局优化,做大做强产业链和专业镇 ········· 44
 4.2 锚定产业转型,提高智能化和绿色化水平 ········· 44
 4.3 注重市场培育,确保经营主体可持续发展 ········· 45
 4.4 突出系统创新,激发装备制造发展新动能 ········· 45
 4.5 坚持外引内联,构建区域一体化发展格局 ········· 46
 4.6 强化政策支撑,筑实高质量发展要素保障 ········· 46

附件 ··· 48

参考文献 ··· 92

第1章 评估背景与方法

1.1 评估背景

规划评估是保障规划实施的重要机制,也是规划全生命周期中不可或缺的环节。开展中期评估既是法定性程序和制度性安排,也是回顾前期规划实施情况的客观要求。2023年是实施《山西省"十四五"新装备规划》(以下简称《规划》)的中间年,肩负着承上启下的重任,有必要通过开展中期评估工作,对过去两年多《规划》实施情况进行一次全面的体检,推进《规划》更好顺利实施。实施科学精准的《规划》评估是新装备实施方案调整的现实需要,《规划》中期评估主要可以动态监控《规划》执行情况,及时发现偏差并进行修正和调整,为《规划》后续发展提供支撑。同时总结现有《规划》的实施成效和不足,承接新装备规划编制,为新装备发展提出新建议。

在此背景下,本书详细梳理"十四五"中前期山西省新装备制造业发展情况,全面评估《规划》实施情况,客观评价《规划》实施取得进展成效,精准找出落实"十四五"规划难点堵点,并在充分考虑《规划》面临的主要问题和风险挑战基础上提出下一步改进《规划》实施的对策建议,把中期评估的成果转化为推动山西省制造业振兴的具体思路和举措,全面推进制造业高质量转型发展。

1.2 评估原则

系统全面、突出重点。既要对《规划》的目标任务逐项梳理评估检视,也要结合"十四五"时期经济社会发展的关键点有所侧重,特别是要对国家、山西省规划纲要中涉及的相关指标、重大任务和重点项目进行重点评估。

立足当前、着眼长远。聚焦"十四五"时期《规划》设定的主要目标,重点分析当前进展,高效解决迫在眉睫的矛盾问题。同时,围绕2035年的远景目标放宽眼量、谋划长远,做到长短结合、远近兼顾。

实事求是、科学严谨。客观公正反映《规划》实施的实际情况,不回避矛盾和问题,精准找出难点堵点,明确克服解决的意见举措。深化上下联动、横向互动和多方参与,更新评估理念,创新评估方式方法,完善评估工具体系,提升评估的专业性、科学性和严肃性。

1.3 评估方法

为全面精准掌握《规划》实施中期进展情况,客观反映社会各界对《规划》实施的意见建议,要采取多角度多维度的方式开展中期评估工作。

自评估和第三方评估相结合。以自评估为主,持续推进评估工作的规范化、科学化、系统化,深入开展实地调研,深化重大问题研究,不断提高自评估的质量。同时委托高水平的智库团队开展第三方评估,将第三方评估结果作为自评估的重要参考。

目标导向和问题导向相结合。对标党中央、国务院部署要求,对标发达地区经验做法,对照省委、省政府各项工作安排,既要从《规划》确定的目标任务倒推,逐项对照进度要求,提出确保目标实现的对策建议,又要从战略性新兴产业迫切需要解决的问题顺推,明确破解的路径和办法。

过程评估与效果评估相结合。综合运用资料梳理、调研访谈等方式,评估围绕主要目标、重点任务以及重大工程项目实施所开展的主要工作、采取的具体措施及落实情况。加强对《规划》实施所取得的实际成效及对中长期发展影响等进行评估。

标准化与个性化相结合。对山西省战略性新兴产业的进展成效、经验做法、问题短板、发展形势进行规范化、格式化评估。结合山西省战略性新兴产业各领域的实际情况,采用高效适用的个性化方式,综合运用政策模拟、平台大数据分析等方法进行评估。

客观评价和主观感受相结合。掌握各项目标任务进展,做好定性分析和定量分析,客观反映《规划》实施情况。充分将新装备产业发展实际情况作为重要评价标准,通过网络调查、实地访谈等方式,充分听取各方面意见建议,提高评估结果的感知度和认可度。

1.4 评估步骤

2023年3月30日—2023年5月31日:通过网站查询、实地调研和走访有关厅局相结合的方式,从统计年鉴、科技型中小企业评价网站、高新技术企业评价网站等平台对重大项目数量进行统计,实地调研150多家企业并诊断企业智能制造成熟度。先后走访山西省工业和信息化厅装备处、节能处、创新处、投资处,山西省科学技术厅平台处、前沿处等,完成重点实验室、工程研究中心、省级以上企业技术中心等数据的收集与梳理,保证了数据的准确性与及时性。

2023年6月1日—2023年6月15日:完成评估报告的撰写。对评估报告情况进一步充实、修改完善,举行专家论证会对报告进行论证。

2023年6月16日—2023年8月5日:形成完整的中期评估报告。根据专家论证会的意见修改和补充完善报告,形成《山西省"十四五"新装备规划》中期评估报告。

第 2 章 《规划》总体实施进展情况

《规划》实施两年多来,面对持续加大的经济下行压力和国内外发展环境条件变化影响,在山西省委、省政府的坚强领导下,全省积极贯彻新发展理念,坚持稳中求进的工作总基调,坚持高端化、智能化、绿色化方向,在创新生态培育、产业基础再造、智能绿色升级、先进集群打造、制造服务增值、央地融合发展等六大工程上集中发力,深入推动 5 个传统优势装备产业向数字化、网络化、智能化转型升级,挖掘 6 个成长性强、市场广阔、应用前景好的新兴装备制造业的潜力,引进 4 个国家发展战略需求新装备,高端化、智能化、绿色化、集群化、服务化、融合化趋势明显。总体上,《规划》确定的各项目标指标和主要任务进展顺利,装备制造业营业收入与增加值、创新平台的新增数量、智能制造成熟度与绿色工厂的建设数量达到了进度要求,《规划》的聚焦和引领作用发挥明显。

2.1 主要指标进展情况

《规划》中的发展目标确定了"规模效益、创新能力、智能绿色"3 大类 9 项主要经济和社会发展指标,其中《规划》各细分项执行情况详见表 2-1。从"十四五"前半期实施情况来看,9 项指标执行情况整体进展良好。

表 2-1 《规划》各细分项执行情况

规划类别	规划内容	"十四五"基期值	"十四五"目标值	2021 年	2022 年	2023 年	执行情况
规模效益	装备制造业营业收入	2 695.6 亿元	4 500 亿元	3 312 亿元	3 907.1 亿元	1 267 亿元(1—5 月)	整体进展良好
	装备制造业增加值增速	5.7%(2020 年)	年均增长 8%以上	24.4%	8.3%	−4.8%(1—6 月)	整体进展良好
创新能力	规模以上工业企业研发经费支出占主营业务收入的比例	13%	年均增幅 20%以上	19.2%	—	—	整体进展良好
	新增国家制造业创新中心数	0 家	1 家	0 家	—	—	稳步推进
	省级以上企业技术中心	"十三五"累计新增 44 家	5 年实现数量倍增	9 家	14 家		整体进展良好

表 2-1(续)

规划类别	规划内容	"十四五"基期值	"十四五"目标值	2021年	2022年	2023年	执行情况
创新能力	省级以上工程研究中心	"十三五"累计新增5家	5年实现数量倍增	5家	1家	—	提前完成规划目标
	省级以上重点实验室	"十三五"累计新增2家		3家	5家		
智能绿色	智能制造成熟度三级以上企业占比	—	20%	25.28%		—	提前完成规划目标
	省级以上绿色工厂(绿色供应链)	0家	5年实现数量倍增	2家	2家	—	按进度完成

2.1.1 主要指标进展情况

2.1.1.1 规模效益指标进展情况

"十四五"以来,2021年、2022年山西省装备制造业增加值增速平均值为16.35%,呈现良好的发展态势。2021年、2022年、2023年(1—6月)山西省装备制造业增加值增速分别为24.4%、8.3%、-4.8%,2021年、2022年产业增加值符合中期目标,2023年有所波动。规模效益类中,2021年、2022年装备制造业营业收入、装备制造业增加值增速符合中期目标,2023年暂时与目标值有一定距离。总体来看,虽然当前外部风险挑战交织叠加,内生动力有待提高,需求仍然不足,工业经济企稳回升基础仍有待筑牢,特别是部分传统制造业生产下降,导致山西省工业增速逐步趋缓,部分地市生产明显下降,完成工业经济增长任务仍然面临较大困难,但当前工业经济转型势头向好,非煤工业和制造业增长潜力巨大。在"十四五"中后期,随着国家和山西省稳经济、拼经济多种措施共同发力,预判各项指标、任务在克服困难和挑战中可以实现预期目标。

2021年,山西省装备制造业营业收入3 312亿元,同比增长22.9%,利润总额72.9亿元,同比下降24.2%。装备制造业在制造业营收占比20.9%,利润占比8.8%。山西省装备制造业增加值呈现较快增长趋势,山西省装备制造业增加值同比增长24.4%,增速较2020年加快18.7个百分点,其中:通信设备制造业增长17.3%,汽车制造业增长32.5%,重型装备制造业增长5.1%,新能源装备制造业下降4.8%,其他装备制造业增长45.5%。

2022年,装备制造业实现营业收入3 907.1亿元,同比增长18.0%,利润总额46.1亿元,同比下降36.8%。山西省装备制造业增加值较快增长,全省装备制造业增加值同比增长8.3%,增速较2021年下降16.1个百分点,其中:通信设备制造业下降0.9%,汽车制造业增长32.3%,重型装备制造业下降6.5%,新能源装备制造业增加47.2%,其他装备制造业增长11.4%。山西省装备制造业经受住了疫情和国际形势不确定性的影响,汽车制造业、新能源装备制造业等行业仍处于快速增长阶段,是制造业乃至工业经济的重要增长点。

2023年1—5月,全省装备制造业实现营业收入1 267亿元,同比下降7.3%,利润总额

10.6亿元,同比下降20.9%。1—6月,装备制造业增加值增速-4.8%,2023年产业增加值增长表现出较大波动。

2.1.1.2 创新能力指标进展情况

为充分发挥"链主"企业特色优势,强化创新驱动,推动制造业高端化、智能化、绿色化发展,山西省2021年规模以上工业企业研究与试验发展经费(R&D经费)支出占主营业务收入的比例为19.2%,接近20%的增速目标,与"十三五"末规模以上工业企业研发经费支出占主营业务收入的比例13%相比有较大提升。

截至"十四五"中期,新增省级以上企业技术中心共23家;其中2021年新增省级企业技术中心9家;2022年新增省级企业技术中心12家,新增国家级企业技术中心2家。新增省级企业技术中心名单详见附表1,国家级企业技术中心名单详见附表2。

新增省级工程研究中心共6家;其中2021年新增省级工程研究中心5家,分别为山西省精密测量与在线检测装备工程研究中心、山西省高精密铜带箔智能制造工程研究中心、山西省高端装备健康管理工程研究中心、山西省风力发电机工程研究中心、山西省航空地面保障技术与装备工程研究中心;2022年新增省级工程研究中心1家,为山西省直升机智能制造关键技术工程研究中心。

新增省级以上重点实验室共8家;其中2021年新增3家,分别为重载装备作业智能化技术与系统山西省重点实验室、恶劣环境下智能装备技术山西省重点实验室、新能源汽车集成与节能山西省重点实验室;2022年新增5家,分别为高端装备可靠性技术山西省重点实验室、铁路货车转向架系统山西省重点实验室、数字化设计与制造山西省重点实验室、智能采矿装备技术全国重点实验室、金属成形技术与重型装备全国重点实验室。

根据目前的数据,预估"十四五"末有望完成新增1个国家制造业创新中心,5年实现省级以上企业技术中心、工程研究中心、重点实验室数量倍增的目标。

2.1.1.3 智能绿色指标进展情况

山西省企业智能制造成熟度达到二级及以上的企业数量在全国处于中间水平,山西省智能制造成熟度达到二级及以上的企业占比39.89%;其中,达到二级的占比为14.61%,达到三级及以上的占比为25.28%,如图2-1所示。

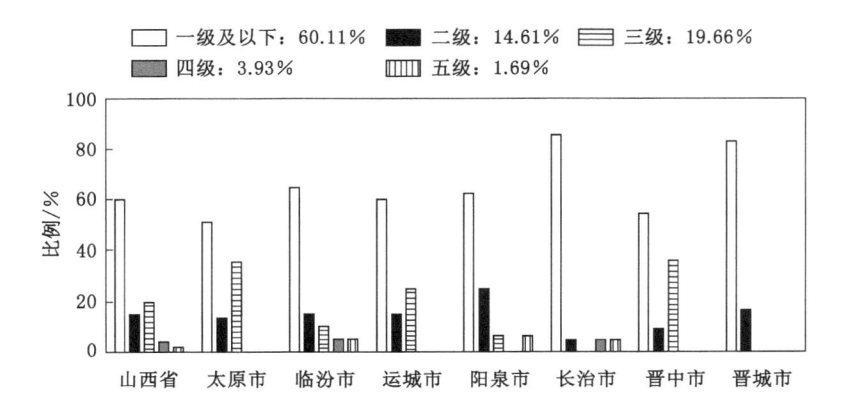

图2-1 山西省企业智能制造成熟度等级分布统计图

山西省智能制造成熟度达到三级及以上的企业占比超过了全国平均水平,总体企业智能制造发展水平较高。山西省微型企业中智能制造成熟度达到三级及以上的企业共有6家,占比为30%;小型企业中智能制造成熟度达到三级及以上的企业共有6家,占比为7.14%;中型企业中智能制造成熟度达到三级及以上的企业共有17家,占比为34%;大型企业中智能制造成熟度达到三级及以上的企业共有16家,占比为66.67%,如图2-2所示。可以看出大型企业的智能制造成熟度较高,三级及三级以上的企业较多。

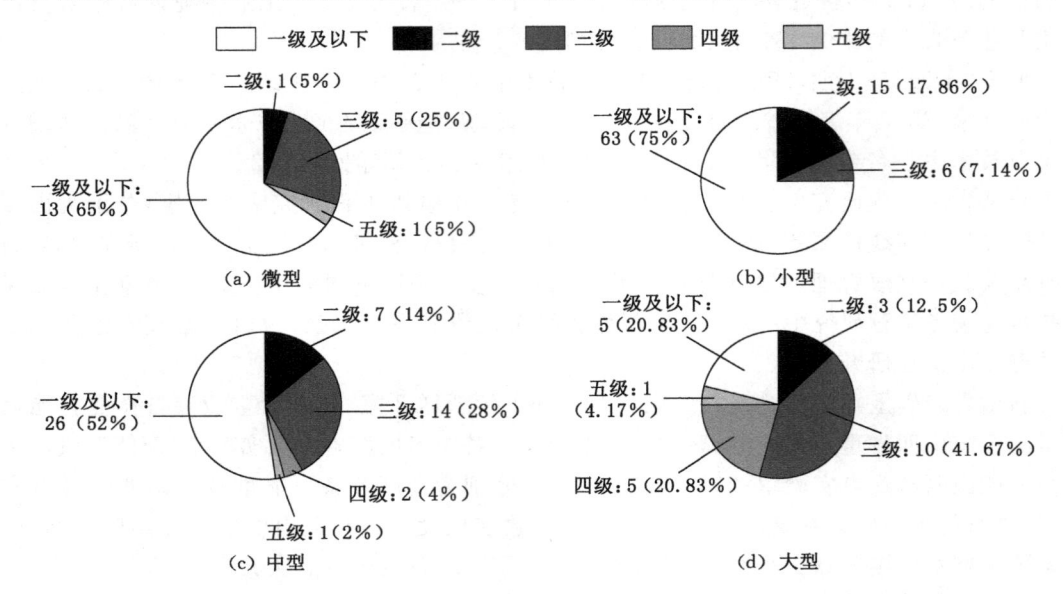

图 2-2　山西省不同规模企业智能制造成熟度等级分布统计图

2021年省级以上绿色工厂(绿色供应链)新增2家,分别为太原市三高能源发展有限公司、晋城三赢精密电子有限公司。2022年省级以上绿色工厂(绿色供应链)新增2家,分别为山西晋钢智造科技实业有限公司、山西正大制管有限公司。截至2023年6月,已按进度完成省级以上绿色工厂的规划目标值,数量实现零的突破。

总体上看,"十四五"期间山西省智能制造成熟度超过了全国平均水平,整体进度良好;省级以上绿色工厂(绿色供应链)数量也已达到规划目标值。山西省在智能制造领域取得了显著的进步和成就,展现出在技术应用、产业发展和创新能力等方面的优势;在绿色工厂领域,通过推广应用先进绿色技术装备,推动持续降低单位产品的能源消耗和原材料消耗、提高产品质量,不断提升生产的规模化和自动化水平,以及工厂的绿色化水平和环境友好性。这对于山西省的经济发展和产业转型升级具有积极的推动作用,并可为其他地区提供可借鉴的经验和启示。

2.1.2　主要指标进展情况评价

通过梳理以上主要指标进展情况,大部分指标进展情况较好,反映出山西省装备制造业发展加速、研发提升、结构趋优等特征,为"十四五"末期目标的顺利完成奠定了坚实的基础。

2.1.2.1 进展良好的指标

《规划》确定的主要经济和社会发展指标中,共有 3 类 9 项指标达到中期进度要求,整体进展情况良好。其中,提前完成规划目标的指标有 4 项,分别为省级以上工程研究中心、省级以上重点实验室、省级以上绿色工厂(绿色供应链)、智能制造成熟度三级以上企业占比。

2.1.2.2 正在加快推进的指标

正在加快推进的指标有 5 项,分别为装备制造业营业收入、装备制造业增加值增速、规模以上工业企业研发经费支出占主营业务收入的比例、省级以上企业技术中心、新增国家制造业创新中心数。

必须予以关注的是,本书完成之时,"规模以上工业企业研发经费支出占主营业务收入的比例"项 2022 年、2023 年上半年的营业收入和研发经费尚未公布;从 2022 年 12 月 9 日出版的《山西省 2022 年统计年鉴》中可查得,2021 年山西省营业收入为 33 682.4 亿元,研发经费为 186.2 亿元,经计算年均增幅为 19.2%,接近《规划》中年均增幅 20% 的目标,"十四五"中后期有望实现目标值。

省级以上企业技术中心在"十三五"期间累计新增 44 家,在"十四五"期间已累计新增 23 家;省级以上工程研究中心在"十四五"期间已累计新增 6 家;省级以上重点实验室在"十四五"期间已累计新增 8 家。创新平台的建设提前完成规划目标,彰显了山西省创新能力的提升。

2021 年智能制造成熟度三级以上企业占比为 25.28%,已经按进度完成指标,展现出山西省企业智能制造领域的巨大潜力,彰显了山西省智能制造领域的优质高效发展。未来仍需不断提升智能制造的水平和质量,为山西省经济的高质量发展注入新动能。

"十四五"前期,2022 年已认定了山西省钢化联产制造业创新中心为制造业创新中心试点培育单位,"十四五"后期将会通过建设国家制造业创新分中心、与其他省份联合共建的方式来实现规划目标。

装备制造业营业收入、装备制造业增加值增速整体进展良好,"十四五"后半期通过项目引入、结构优化、转型升级等方式,大幅度提升传统产业劳动生产率。规划目标的实现虽然存在压力,但通过企业与政府的共同努力和各项措施的协同并进,仍可按时完成预期目标。

2.2 重点行业领域发展情况

2.2.1 传统优势装备赋能升级

2.2.1.1 煤机装备

依托晋能控股装备制造集团(以下简称晋能控股装备)、山西天地煤机制造有限公司(以下简称天地煤机)、太原重型机械集团煤机有限公司(以下简称太重煤机)、山西煤矿机械制造股份有限公司(以下简称山西煤机)、山西平阳煤机装备有限责任公司(以下简称平阳煤机)、太重集团向明智能装备股份有限公司(以下简称向明智装)等企业,构建"智能芯片-核心零部件-三机一架-成套产品"产业链。支持山西省煤矿建设和改造项目采购本省煤机产品,支持掘锚机、大型矿用挖掘机、铲板式支架搬运车等优势产品提高市场占有率。先进产品不断涌现,太重煤机自主研制的 75 m³ 大型矿用挖掘机,产品的各项性能指标均达到或超过同类产品,135 t 单斗挖装能力的 WK-75 型挖掘机是世界最大、生产能力最高的矿用挖掘机,填补全球行业空白。天地煤机短臂机械化及快速掘进系统,"掘支运"三位一体新模式创世界纪录。

以智能、高效和绿色煤炭开发为重点任务,鼓励晋能控股装备、天地煤机、山西平阳重工机械有限责任公司(以下简称平阳重工)、山西煤机、太重煤机等企业突破智能矿山与智能化开采、复杂煤层安全高效开采等关键技术,着力研发煤炭开采、掘进、提升、运输、通风、排水等六大智能化装备,建设晋中、晋东南、晋北三大煤机装备制造基地,为山西省煤炭数字化经济转型提供技术支撑。

2.2.1.2 重型机械

充分发挥"链主"企业龙头带动作用,健全"链长＋链主"工作机制,以大带小、以小促大,在协同发展中提升产业链整体质效。以"设计研发、智能控制、三电总成、整体集成"为方向,实施一批标志性、引领性的产业链提质、增效、扩量技术改造项目,不断扩大领先技术的研发能力和水平。围绕产业链布局创新链,加强基础研究和核心技术攻关,积极参与行业性乃至全国性、全球性的标准化制定和应用。在氢能源、全电动、智能遥控等技术的应用以及核心关键零部件、泵、阀、液压缸、行星齿轮箱等关键技术的研究上全面发力、提前布局。

以太原重工股份有限公司(以下简称太原重工)、太原通泽重工有限公司、中国船舶集团汾西重工有限责任公司(以下简称汾西重工)、山西北方风雷工业集团有限公司、山西长治起重机有限公司、山西双环重工集团有限公司(以下简称双环重工)为龙头,加大投入结构材料轻量化、先进增材制造、绿色制造以及智能运维等共性关键技术体系研发。充分发挥以中厚板矫正机、油膜轴承为代表的山西特有优势产品聚集效应,带动相关上下游产业,培育管板带冶金产业集群。

2.2.1.3 纺织机械

依托晋中纺织机械制造产业集群,加快将榆次智能纺机工业园打造成全球领先的大型纺织机械制造基地。聚焦高速、高效、节能、智能化、数字化的发展趋势,加快推动适纺性强、节能降耗、机电一体、模块化结构的技术突破,重点发展集聚纺纱设备、转杯纺纱机、自动落纱机与输送系统、细络联络并捻设备、高速剑杆织机系列、电脑横机、高性能经编机等产品。建立全方位的分析管控服务平台,实现设备运行、维护、故障、预警、产量、效率、能耗等多方面大数据分析,为开拓新型且持续增长的服务型制造业奠定基础。

重点开发高速全自动精梳机技术、数码纺智能纺纱技术等核心关键技术;努力提升高速新型精梳机及其配套设备、集聚纺纱设备、细络联络并捻设备、高速剑杆织机系列装备、高性能经编机等传统纺织装备的智能化水平。

（1）产业发展现状

国内外发展现状与趋势。纺织装备未来发展必定要淘汰和改造落后产能和技术,减少人工参与,以实现自动化、智能化生产为趋势。对于纺纱设备,将从机械化向全面电子化和智能化过渡。现有的棉纺成套产品在智能化方面将会进一步增强,并呈现多样化、个性化的发展。同时一些创新性的成纱技术也值得关注研究。例如,短流程直纺项目可以直接输入棉条生产细纱,省去工艺流程里的粗纱环节,这是一个创新项目。可以预见,在省去粗纱环节后，流程减少，耗能减少，物料流转过程缩短，能够使物流系统更加稳定可靠，减少维护成本；更重要的是，条筒可以盛装更多的纺纱材料，这使得连续纺纱成为可能，配合相关的物流系统，能够为车间无人化生产提供重要支持。多通道智能环锭细纱机在不断探索完善相关理论和结构的基础上，目前多应用于色纺和花式细纱领域。对于传统的色纺，纤维主要在前纺工序里进行混合，在细纱工序里基本不混合，或是赛络纺式的简单混合。多通道技术的引入能够执行多种纺纱工艺，覆盖市场上目前有需求的各种花式细纱，可以做到在纺纱过程中随时变号数、变捻度，细纱颜色可根据各通道牵入粗纱的比例不同和粗纱所处的通道不同产生变化，风格独特多变，而这个过程不需要加装其他装置，仅通过控制罗拉伺服系统来实现，是细纱机单机智能化水平较高的一款设备。

山西省产业发展现状。山西省晋中市是我国三大纺织机械产业集群之一，是"中国纺织机械名城"，集群从事纺织机械生产的企业有200多家，主营产品包括纺纱机械、织造机械、精梳成套设备等。其中经纬智能纺织机械有限公司（以下简称经纬纺机），是纺机行业全球规模最大、产品品类最全、成套优势最明显的跨区域集团企业。

经纬纺机是山西省纺织机械领军企业，拥有11家子公司，是全球唯一能够提供棉纺全流程纺纱设备的成套供应商，是国内最大的纺织机械制造基地。目前，该公司生产的棉纺纱锭占全国总产量的1/2，占全球总产量的1/4。"经纬"品牌是国内排名第一、全球排名前三的纺机品牌，同时，也是山西省第一家通过两化融合示范企业认定的公司。公司在全国设立了8个销售技术服务公司，产品在全球40多个国家和地区销售，海外销售业务约占总业务的25%。在全国有9个区域服务中心。在国内与清华大学、东华大学、天津工业大学等高校建立合作关系，在国际上与意大利、德国的三家公司建立合作关系。公司生产车间的自动化程度较高，此外，打造了智能运维大数据服务平台，可对售出设备进行智能化监控，进而实现远程诊断和远程运维。主导产品包括棉纺织成套主机产品、棉纺专件成套产品。其中棉纺织成套主机产品主要有梳棉机、清梳联合机、并条机、粗砂机、细沙机、精梳机、转杯纺纱机、自动络筒机；棉纺专件成套产品主要包括锭子、罗拉、摇架、钢领、皮辊等。

(2) 山西省纺织机械产业优劣势分析

① 优势

a. 良好的产业基础。山西省晋中市是我国三大纺织机械产业集群之一，是"中国纺织机械名城"，集群中从事纺织机械生产的企业有200多家，主营产品包括纺纱机械、织造机械、精梳成套设备等。

b. 涌现出一批龙头企业。当前山西省已拥有经纬纺机、山西鸿基科技股份有限公司（以下简称鸿基科技）、贝斯特机械制造有限公司（以下简称贝斯特机械）等代表性纺机企业，其中鸿基科技是国内领先的纺织机械制造企业，是纺纱机械的成套设备供应商，集研发、生产制造、销售和服务为一体。

② 劣势

a. 大部分企业规模较小。山西纺机企业除上述几家龙头企业外，大多数纺机企业规模普遍偏小，有的企业甚至只有10多人，有的企业设备差，工艺水平低，检测手段不完善，质量不稳定，抗风险能力差。

b. 自主创新能力较弱，产品档次和质量不高。晋中纺机集群中企业数量虽较多，但技术力量参差不齐，产品结构不合理，高端产品不多，低端产品缺乏竞争力，纺机行业整体毛利率仅为14.56%,部分企业处于盈亏临界点甚至亏损。

c. 企业间无序竞争仍很普遍。山西多数纺机企业产品竞争仍集中于产业链低端,无序竞争的局面比较普遍,企业间协同合作较少、低价竞争仍是主流,尚未能形成集聚发展效应。

(3) 发展重点

发展目标。到2025年,纺机制造业实现销售收入100亿元,龙头企业经纬纺机销售收入达到50亿元,销售收入10亿元以上的纺机企业超过3家。

重点方向。新型纺织装备:智能型超高速、超宽幅喷气织机系列、智能化针织圆纬机、高速/全自动精梳机及其配套设备等产品。加强对具有即时控制、运行情况监控、经纱自动切断/接续功能的新一代织机的研制。

传统纺织装备转型升级:重点发展适纺性强、节能降耗、机电一体模块化结构设计的纺织机械,发展集聚纺纱设备、转杯纺纱机、自动落纱机与输送系统、细络联络并捻设备,高速剑杆织机系列、电脑横机、高性能经编机。

无人化织造工厂:开发配套数字化物流系统及信息化生产控制系统,建立高端无梭织机智能制造示范线。

服务型制造:建立全方位的分析管控服务平台,实现重要数据的全面采集、集中管理、网络控制以及可视化展现;通过构建业务分析算法模型,实现设备运行、维护、故障、预警、产量、效率、能耗等多方面的大数据分析;建立专家知识库、产品故障知识库、故障处理知识库、业务算法模型库,实现企业知识的数据积累和价值发挥;通过将产品运行数据、预警数据、故障数据、维护数据以及售后数据整合融入产品数据管理(product data management,PDM)系统,补全产品全生命周期,形成产品全生命周期数据闭环,为企业的产品研发创新提供数据支撑,实现平台及数据的全方面安全防护。

(4) 实施路径

① 提升纺织机械生产过程智能化水平

以智能制造为发展重点,以工艺流程自动化、过程控制数据化、业务单元模块化为抓手,实现产品生产柔性化制造,以满足用户个性化需求和高品质产品性能要求。

② 推动纺机企业向无人化织造工厂整体解决方案提供商转型

依托经纬纺机雄厚技术基础,根据纺纱厂的生产实际需要,发展全流程智能纺纱系统,打造大数据智能服务中心,建立全方位的分析管控服务平台,实现设备运行、维护、故障、预警、产量、效率、能耗等多方面的大数据分析,为纺织设备领域开拓新型且持续增长的服务型制造业务。

③ 打造智能纺机产业园

借助经纬纺机退城入园契机,以其牵头建设纺机智能制造产业园,吸引纺机和配套企业入驻,将园区打造成为全新现代化、国内一流、全球领先的大型纺织机械制造基地和高端智能化纺机制造产业园。

(5) 政策建议

加强资金扶持力度。对龙头企业创新研制技术与装备,给予一定的资金支持,如经纬纺机在防疫过程中研制的N95全自动高端立体口罩机,投资高达6 000万元,对企业形成了较大的产品库存和资金压力,建议通过应用示范支持和抗疫专项补助支持等形式给予企业足够的鼓励。

加快专业园区建设。加大在土地、环保等方面的倾斜力度,建设纺机智能制造园区,吸引纺机企业集中到园内生产,这样不仅可以促进企业间技术资源、信息资源、市场资源共享,还可以提升产业集中度,形成纺机机械产业发展的集群优势。

推进人才队伍建设。建立多层次人才培养开发格局。以高、精、尖、缺人才为重点,统筹各类人才队伍建设。坚持培养和引进并重、引人和引智并举的人才政策,积极引进高层次专业人才、高技能人才,打造高层次创新人才队伍,努力形成一批拥有自主知识产权的核心技术和产品。

纺织机械产业链图谱如图 2-3 所示。

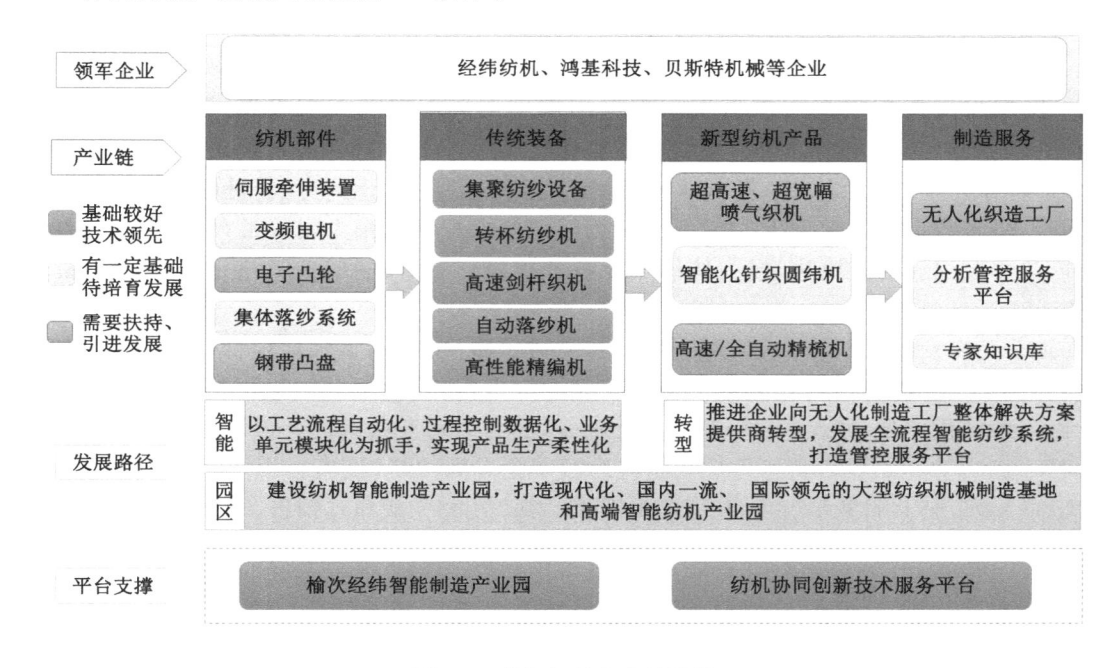

图 2-3 纺织机械产业链图谱

（6）经纬纺机"十四五"以来纺机技术创新情况

经纬纺机的前身是经纬纺织机械厂,于 1951 年 5 月 1 日动工兴建,1954 年 8 月 1 日建成投产,是中华人民共和国成立初期国家重点建设的第一座现代化的纺机制造企业。历经 60 多年的发展和变迁,目前,公司隶属中央直接管理的国有重要骨干企业、世界 500 强企业——中国机械工业集团有限公司。

经纬纺机有着近 70 年的纺织机械研发生产经验,主要经营纺织机械中的棉纺机械成套主机产品等业务单元,是国内唯一可提供棉纺全流程设备的供应商。目前,该公司在细纱机、精梳机和转杯纺这三大机种的技术创新和研发产出方面已取得较好的成绩,市场占有率稳步提升,为其带来可观的经济效益和社会效益,同时对行业的发展与进步起到了积极的引领和推动作用。

近年来,该公司围绕"高速高效、自动化、智能化、清洁节能、免维护"方向进行产品研发,持续推进产品智能化、数字化、绿色化转型。主导产品细纱机、精梳机、转杯纺陆续推出 JWF1580、JWF1576、JWF1590、JWF1286、JWF1288、JWF1386、JWF1618 等多款产品,已具备高速、高效、高智能化等特点，在激烈的国产纺机设备的市场竞争中打出一片天地。

① 细纱机产品线

该公司研发的JWF1580超长智能型细纱机，基于超长、智能、稳定的创新设计理念，突破了超长锭数结构布局、超长机架精确快速定位、双侧工艺吸棉节能、电子加捻技术等技术难点，最大锭数达到1 824锭，成功填补国产细纱机在超长智能型细纱机领域的空白，提升了纺机行业装备的智能化、数字化水平。2020年11月30日，JWF1580超长智能型细纱机通过中国纺织工业联合会科技成果鉴定，2022年3月荣获中国恒天集团科技进步一等奖，同年获得中国纺织工业联合会科技进步奖二等奖。该机型累计销售735台，销售额7.37亿元，在细纱机市场中占有率达60%以上。

该公司研发的JWF1576智能型平台细纱机，采用电子加捻控制技术，实现锭子和罗拉分离驱动，捻度紧密控制，可纺制恒捻度纱线和高捻纱；双侧吸风负压均衡，可实现长车工艺吸棉能耗降低30%以上；采用新型快速落纱技术，落纱时间缩短到2.5 min以内；采用智能化纺纱专家系统，实现纺纱工艺智能导航；纺纱速度达到2万 r/min，采用智能化的单锭检测系统，具备数字化分析统计功能，并可根据用户要求配置单张力或双张力机型，选配电子牵伸、集中取棉等增值模块，成为纺纱厂设备升级换代重要选择，2023年该产品实现批量销售。

该公司研发的JWF1590型平台细纱机，突破了整节装箱、多轴运控、"U"形纺纱成形、单锭检测、无机械波牵伸、清洁密封运转、无键主轴连接、积极式升降等多项先进技术，在产品性能、数字化控制、外观造型上均有重大提升，成为公司开拓国内外市场的主力机型。目前，JWF1590型平台细纱机已入选无锡经纬数字化车间项目，该项目为国家数字智能制造标准试验验证公共服务平台项目。2023年已在多个用户完成布点销售，2024年将实现批量销售。

② 精梳成套产品线

该公司研发的JWF1286型精梳机，最高运行速度可达500钳次/min，创新研发设计了自动接头、自动换卷、自动退筒管的"三自动"功能，与全流程自动运输系统联合可实现"条并-精梳联智能化精梳生产线"，填补了国产精梳机无人值守智能化生产的空白。2020年JWF1286型精梳机通过中国纺织工业联合会科技成果鉴定与国家工信部验收，2021年该机型获得山西省科技进步二等奖。

该公司研发的JWF1288型精梳机，最高运行速度可达550钳次/min，产量可达90 kg/h，突破性采用130°大角度锡林梳理技术，与90°梳理相比，相同指标下落棉率可降低2%左右，使国产精梳设备踏上一个新台阶。

该公司研发的JWF1386型条并卷机采用新型卷绕技术，保证高速卷绕条件下的棉卷质量满足精梳机高速梳理的要求，生产速度可达到180 m/min，产量可达520 kg/h，优越的性能为追求高端和速度的客户，提供了可替代进口设备的生产需求。2020年JWF1386型条并卷机通过中国纺织工业联合会科技成果鉴定，2022年该机型获得山西省科技进步三等奖。

该公司最新研发的新型条并卷机，通过采用多电机伺服传动，优化了动力分配和传动效能，大幅度提高生产速度和产量（产量达到500 kg/h）；取消了齿轮箱、电磁离合器，在降低噪声的同时，使生产稳定性大幅度提升、棉卷质量稳步提高。与此同时，生产工艺调整更为便捷、设备保全、保养维修方便,工人劳动强度大幅度减轻,为客户实现了降低成本、保证效益的需求。

③ 转杯纺纱机产品线

JWF1618 型转杯纺纱机是该公司主打的转杯纺纱机系列产品,是全球第一台 600 锭长车,已在国内外形成销售规模,取得不俗的经济效益和社会效益。2022 年,公司创新设计研发了 JWF1618E 型转杯纺纱机,以原有产品机架为开发平台,采用模块化设计理念,将引纱电机由车头集中传动改进为无刷电机单锭单控,通过电气参数的优化设置来提高纱线产量及接头质量,使其成为高速高效、绿色节能、成纱质量优质的升级替代机型。

经纬纺机根据市场需求,以 JWF1618E 为平台,将全自动接头技术运用到转杯纺纱机上,成功研制出 JWF1620 型转杯纺纱机,该机型具备单锭引纱、单锭卷绕、单锭自动接头、单锭电子横动等多项先进技术。与此同时,公司持续技术创新,以转杯磁悬浮技术取消龙带,进一步将转杯速度提高到 1.5×10^5 r/min,并成功推出 JWF1626 型磁悬浮短样机,该样机正在进行 15 万转纺纱稳定性试验。目前,JWF1620 和 JWF1626 已初步具备上市条件。

高速、高效、节能、智能化、数字化是当前纺纱技术的发展方向,经纬纺机正确研判纺机行业发展趋势,敏锐捕捉行业动态,在现有产品的基础上,对标国际先进技术,通过创新研发设计,实现技术上的从无到有、单项上的逐个超越,继续引领国产细纱机、精梳机、转杯纺等设备技术进步,助力实现行业整体的技术进步与创新发展,从而达到国际领先水平。

2.2.1.4 农机装备

针对山西省农业生产特点,全省重点研发特色农机产品和丘陵地形专用轻便农机等装备,研制具有信息获取、智能决策和精准作业能力的新一代农机装备。山西天海泵业有限公司生产的潜水电泵在国内潜水电泵市场占有份额 10% 以上,山西天波制泵股份有限公司研发生产的大功率隔爆泵保持了同行业技术的领先地位。襄垣县仁达机电设备有限公司积极开发适应本地山区、丘陵及平原地带作业、质量可靠、性能稳定的大二行玉米收获机。以山西卓里集团有限公司为代表的农用运输机械制造企业实现了从以生产农用三轮车为主向以生产农村垃圾清运车、沼气抽渣机和果园机械等为主的历史性转变。五台县城园丰农机制造有限公司自主研发、改进的铺膜施肥精量播种机、小籽粒杂粮膜侧播种机、中药材播种机等田间作业机械成为有一定区域影响力的拳头产品。

(1) 山西省农机装备产业发展历程

1949 年,中华人民共和国成立,当时山西省仅有 2 台美国进口的汽油轮式拖拉机、3 台柴油机和为数不多的轧花机、胶轮木车。可以说山西省农机装备产业几乎从一张白纸起步。

① 第一阶段(1949—1958 年)

该阶段特点为从简单制造维修小农具、改良农具到仿制、制造农机具。1950 年 3 月,山西机器公司成立,主要生产解放式水车、解放式耘锄、松农 1 号除草机、玉米脱粒机等新式农具。同年 12 月,该公司仿美国克拉克型拖拉机,试制成功 2 台"抗美援朝号"25 马力(1 马力≈735 W)履带式拖拉机,其中一台曾赴东南亚一些国家展出。1952 年,大同机器厂生产 7 寸(1 寸≈3.33 cm)步犁 6 590 具、解放式水车 2 950 部。1950—1952 年,山西机器厂生产解放式水车 4 710 部,5~7 寸步犁 14 058 部、大小喷雾器 4 805 部、玉米脱粒机 2 802 部,产品行销省内外。1954 年,农村出现第一批农机修理厂,一些拖拉机站设置了修理车间,基本上保证了山西省 14 种型号、500 余台进口拖拉机的正常运转。1958 年,山西省农具改革群众运动掀起高潮,从改革水利施工工具开始,当年全省共改革提水、水利施工、耕作运输、农副产品加工等工具860多万件,超过前8年的20多倍。太谷县的喷雾车和小型畜力收割机、永济县的打井抓石机、汾阳县的万能筑坝机、繁峙县的马铃薯剥皮机和风力磨、万荣县的水果切片机、洪洞县的玉米脱粒机等产品性能当时在全省乃至全国都处于领先水平。

② 第二阶段(1959—1969年)

该阶段特点为从仿制到自行设计,由单机生产到配套机具生产。1958年10月,山西省农业机械化科学研究所正式组建,主要开展收割机、饲料粉碎机、深耕犁等装备研制。之后,山西省各地相继建立了70多个农业机械化研究所,逐步形成一支技术力量较强的农机科研队伍。1963年,山西集中运城拖拉机厂、临汾动力机械厂、大同齿轮厂等一批农机企业,通过专业化协作试制仿苏联跃进-20型轮式拖拉机,1967年达到小批量生产能力,到1970年累计生产2 561台。1966年,国家第八机械工业部将国内自行设计的第一代东方红-30型拖拉机定点给山西试制,1969年通过部级鉴定。与此同时,山西省的中马力柴油机和拖拉机、内燃机配套件及相关的犁、耕、播、拖(挂车)等配套机具也得到相应发展。同时,碾米、磨面、榨油、脱粒、排灌等农业机械也相继问世,并涌现出一批农机名牌产品,如太谷县研制的太古-50脱粒机、榆次县研制的红旗牌切脱机、临县研制的切麦草机、洪洞县研制的棉麦播种机、绛县研制的碾米机等。

③ 第三阶段(1970—1979年)

该阶段为快速发展时期。在"1980年基本实现农业机械化"的号召激励下,山西省对农机工业在人力、物力、财力上予以重点支持和保障,使山西农机工业基本上形成由拖拉机、内燃机、拖拉机内燃机配件、排灌机械、耕作机械、收获及场上作业机械、运输机械、农副产品加工机械、牧业机械、植保机械等10个行业组成的相对独立的农机工业体系。东方红-30型拖拉机和390型柴油机于1970年开始批量生产,特别是自行设计生产的东方红-30型轮式拖拉机,到1979年累计生产近2万台,成为全省农田耕作、农业运输的主要机型。小四轮拖拉机、手扶拖拉机和小马力柴油机逐步形成专业化协作生产体系。拖拉机、内燃机行业已成为山西农机工业的骨干行业。

1978年下半年,山西省委、省政府根据全省农机工业实行专业化改组的需要,决定组建经济实体性的专业公司——山西省农业机械工业公司,对生产东方红-30型拖拉机的56个协作企业按"六统一""三统一"和经济合同关系三种类型进行管理。至1979年年底,东方红-30型拖拉机年产量由1971年的150台增加到4 200台,手扶拖拉机年产量由1971年的60台增加到5 331台(最高年产量达到7 267台),中小型柴油机功率由1970年的2.14万马力增加到26.32万马力(1977年最高达到32.86万马力)。

1979年,全省县以上全民所有制农机企业有64家,以运城拖拉机厂、长治拖拉机制造厂、临汾动力机械厂、大同齿轮厂、长治液压件厂、平遥柴油机厂、忻县机引农具厂等为代表的一批大中型农机制造企业不断发展壮大,全省初步形成了大中小型企业结合、各种所有制企业并存的农机制造工业体系。农业机械长期实行以产定销、统一包销政策,片面追求生产能力和产值,导致重复布点、盲目发展,加之农机产品结构不合理,导致产品供大于求。据统计,1979年山西省农业机械工业公司积压产品价值达31 023万元。

④ 第四阶段(1980—1990年)

该阶段是农机工业调整改革提高和全面发展阶段。1979年后,农村开始实行经济体制改革，农机市场发生根本变化，购买对象由原来的社会集体为主转向个体、联户为主，产品销售重点由大中型机具转向小型机具为主。为了适应农村经济体制改革和农机市场的变化，农机企业调整产品结构，重点开发生产小四轮拖拉机、手扶拖拉机、小型柴油机、深井潜水电泵、小型喷灌机和内燃机配件等。其中，运城拖拉机厂生产的五台山牌五台山-120型小四轮拖拉机和山西祁县水泵厂生产的晋泉牌200QJ32-52/4型井用潜水泵获原机械工业部优质产品奖，太原新城农机厂生产的QKC-76型快速拆装喷灌机获原农牧渔业部奖，平遥柴油机厂生产的S195型柴油机获山西省节能产品称号。为适应农村多种经营发展和国家能源基地建设的需要，农机企业还积极研制生产饲料加工机械、农副产品加工机械和煤炭机械产品配件，扩大了服务领域。其间，部分农机企业难以适应形势变化，全省农机工业一度出现产值降低、企业连年亏损的局面。1981年，山西省54个农机制造企业亏损1 210万元，1982年亏损713万元。1983年以后，随着工业体制深化改革，省直企业开始下放，地方企业进行改制，有的企业实行承包责任制，一些企业实行股份制，农机工业逐步走上了市场化经营的道路。经过技术改造和产品结构调整，农机制造企业连续亏损的局面基本得到扭转。1983年，山西省60个农机制造企业累计完成工业总产值1.3亿元，实现利润160万元；1984年，山西省71个农机制造企业完成工业总产值1.89亿元，实现利润1 579万元；1985年，山西省68个农机制造企业累计完成工业总产值2.05亿元，实现利润1 693万元。到1990年年底，山西农机工业企业有53家，职工有222 204人，占全省机械系统职工总数的18.86%；固定资产原值29 188万元，占全系统固定资产原值的16.18%；完成工业总产值35 871万元，占全系统工业总产值的18.49%；上缴利税212万元，占全系统利税总额的11.97%。

⑤ 第五阶段（1991—2000年）

该阶段农机工业在企业改制和市场转型中深度调整。1991年以后，省属农机企业被陆续下放到地方。随着工业体制改革的不断深化，全省农机企业中，有的实行承包制经营，有的实行股份制经营，走上了市场化运营的路子。在计划经济向市场经济转变的过程中，农村对农机产品的需求进一步带动了农机工业发展。农机生产企业为适应市场对农机产品的需求，调结构、搞新品、抓技改，不断提高产品质量，适时生产出适合农村需求的农机产品。

一是重点开发农用运输车。农村多种经济的快速发展使道路运输量迅速增长，原有拖拉机和汽车难以满足农民需求。在国家基本不投资的情况下，山西省内企业利用已有资源，大力开发生产农用运输车，生产规模迅速发展壮大。最高峰时期，省内三轮农用运输车生产企业有12家，四轮农用运输车生产企业有9家。为使农用运输车健康有序发展，1993年机械工业部、公安部对农用运输车生产企业及其产品目录进行整顿。通过审查，山西省有4家三轮农用运输车生产企业和4家四轮农用运输车生产企业分别上了《1993年三轮农用运输车生产企业及其产品目录》（以下简称《1993年三轮农用运输车目录》）和《1993年四轮农用运输车生产企业及其产品目录》（以下简称《1993年四轮农用运输车目录》）。

二是大力发展潜水电泵。根据山西省农机市场需求，省内潜水电泵生产企业不断开发新产品，认真贯彻全面质量管理，产品质量稳步提高。1991年，解州地方国营潜水电泵厂、介休水泵厂、榆次水泵厂、祁县水泵厂生产的井用潜水泵被评为部级优秀产品。1991年全省生产潜水电泵34 483台，有力地支援了农业生产。

三是积极发展牧业机械。山西省乳业的快速发展使农村畜牧业对各种牧业机械的需求不断增加，省内牧业机械生产企业加大了新产品开发力度。大同农牧机械厂开发生产的

9ST1000-30000 型系列饲料加工成套设备、DPDA-DPDE 型系列颗粒机、KLB-KLE 型系列逆流式冷却器、KPB-DPD 型系列破碎机、9CJ100-500 型系列饲草粉碎机、9CJK500 型饲草压块机等产品,在满足国内市场的同时远销国外。平遥县保成机械厂生产的 QC250 型微型切草机也产销两旺。

随着市场经济快速发展,山西省农机企业遭受严重考验。到 1998 年,省内农机工业出现亏损,部分生产拖拉机、内燃机及内燃机配件的企业停产、半停产,有的企业开始转产。山西省内 82 个农机企业拥有固定资产原值 78 599 万元,年末职工人数 29 512 人,其中技术人员 2 074 人。全年完成工业总产值 75 676 万元,销售收入 68 300 万元,实现利税 5 106 万元(其中利润 −332 万元),与全国先进省市相比,明显落后。

⑥ 第六阶段(2001—2010 年)

该阶段国家利好政策助推民营农机企业快速发展。农机购置补贴政策是党中央国务院强农惠农政策的主要内容。全国范围内,中央财政投入从 2004 年的 7 000 万元增长到 2010 年的近 155 亿元,7 年累计安排中央财政资金达到了 354.7 亿元,带动了地方和农民的投入约 1 187 亿元。补贴的各类农机具达到了 1 108 万台(套),受益的农户有 925 万户,规模以上农机企业工业总产值年均增长超过 20%。2006 年 1 月 1 日起,全国范围内免征农业税,该政策的出台有效调动了农民的生产积极性,农民对各种农机产品需求增加,山西省农机工业也因此受益。

2000 年以后,民营农机企业迅速发展,不少企业通过改制重组、调整结构、自主研发,不断生产出适合农民需求的新产品。省内发展较快且名列全国同行业前列的产品有潜水电泵、三轮农用运输车、耕作种植机械、收获机械、拖拉机、单缸内燃机、牧业机械、农副产品加工机械、植物保护机械等。

潜水电泵。山西省内生产潜水电泵的企业年代较早,厂家较多。2000 年以后,主要企业有:山西天海泵业有限公司(原解州潜水电泵厂)、太原清徐神州泵业有限公司(原太原市水泵厂)、山西天河泵业有限公司(原祁县水泵厂)、山西省介休市水泵厂、山西新星泵业有限公司、山西省屯留发电设备厂等。

三轮农用运输车。2000 年以后,在激烈的市场竞争中,大部分企业转产,只有山西卓里集团有限公司继续发展,开发了三轮农用运输车连体后桥等产品。2006 年,该企业生产三轮农用运输车 21 905 辆,销售 20 964 辆,位列全国同行业第 7 名。

耕作种植机械。2000 年以后,山西省内农机企业根据农民需求,不断开发出适合农业耕作种植的犁、播种机等产品。山西省稷山农机制造有限公司开发出稷山 1LF-430 型气动翻转犁。新绛县益农播种机械有限公司开发出 2BMF-7(8、9、11)型小麦免耕施肥播种机、2BMF-2(4)型玉米免耕施肥播种机和 2BGM-3 型玉米免耕施肥播种机。

收获机械。山西飞象农机制造有限公司生产出 4YZB-2700 型、4YZ-4(4520)型、4YZB-2100 型、4YZB-4520 型自走式玉米联合收割机。山西信联集团实业有限公司生产出 4YL-1600 型自走式玉米收获机。运城市锦泰机械厂生产出"运龙牌"4MC 系列滚刀式环保型棉柴收获机。襄垣县华成机械制造有限公司生产出 4V-2B 型薯类收获机。山西省平遥县保成实业有限责任公司生产出 5S5T-I(Ⅱ)型一次净玉米脱粒机。

拖拉机。山西华尔动力机械有限公司试制出华尔 HR-350 型拖拉机,但因销路不畅上市不久即转产。

单缸内燃机。运城常运动力机械有限公司生产出 CY170、R175 等 20 余种规格型号的新型节能单缸内燃机。

牧业机械。大同农牧机械有限责任公司是国内最早研制饲料机械的企业之一,主要生产颗粒饲料加工设备、饲草粉碎机等产品。2000 年后,企业研制出打捆机等新产品,在满足国内用量的同时远销国外。山西省平遥县保成实业有限责任公司生产出 93ZP 系列揉搓机、93ZP-2.41 型系列铡草机、93ZT 型铡草机。山西科惠农业发展有限公司生产出 9CDQI-30 型饲草装袋青贮机。山西省壶关县农机厂生产出粉碎机。

农副产品加工机械。2001 年以后,农村小型农副产品加工企业兴起,对加工粮食、水果、秸秆、花生、核桃等作物的各种机械需求增加。山西省水利机械厂、种子机械厂生产出 5FSX-4.0 型风筛式清选机、5JG-2.0 型种子加工车、5ZX-4.0 型正压式重力分选机、5BY-LX(800)型种子包衣机。运城市河东粮食机械制造有限公司生产出 6FYQ-35.40BT 型、6FYQ-50PT 型皮芯分离磨粉机、6FYQ-35/40/50ET(PT)型磨粉机、ZQ-600 型多功能清粮机。长治市太行粮机有限责任公司生产出 TGBC 系列除尘灌包机、TQLZ 系列高效自动振动筛、YQS 系列移动清杂筛、QSX 系列吸式比重去石机、TQSF 系列重力分级去石机、TQFX 型自循环风去石机、DTG 系列斗式提升机、LSS 系列水平螺旋输送机、TDSL 系列移动式散包两用带式输送机。

植物保护机械。2001 年后,山西省内原来生产喷雾器的企业晋城市植保机械厂和永济市植保机械厂转产,民营企业生产的喷雾器基本保证了市场供应。山西卓里集团有限公司生产出 SB-8/0.9 喷雾机,该机由三轮农用运输车改装而成,在田间、果园可以实施喷雾作业,受到农民欢迎。

到 2006 年年底,山西省原来生产中型拖拉机和小型拖拉机的总装厂及配套协作厂纷纷停止生产,一些主要生产大中型机引农具的企业也相继转产或停产。在这些企业中,承包运营中的运城拖拉机厂在原厂内先后成立以生产微耕机、煤矿机械和工程机械配件为主的 3 家民营企业;临汾动力机械厂除部分车间承包经营生产一些协作农机产品外,50%以上的厂区改为服装市场;大同齿轮厂除为天津拖拉机厂生产拖拉机配套的变速箱外,主要力量转向生产汽车配套的变速箱;忻县机引农具厂改制为忻州通用机械有限责任公司,主要生产煤炭刮板输送机。大同农牧机械厂、榆次挂车总厂、平遥柴油机厂等陆续破产关停。与此同时,一批中小型农机制造企业在各地应运而生。

⑦ 第七阶段(2010 年至今)

该阶段为山西省农机装备产业转型升级阶段。2016 年,山西省农机工业规模以上企业仅有 5 家,主营业务收入 7.78 亿元,规模以上企业数量和主营业务收入都不到全国总量的 1%。与全国农机工业大省强省相比,山西的差距巨大。在中部六省中,农机工业主营业务收入最高的是河南省,约为 680 亿元,最低的是江西省,约为 20 亿元,相比之下,山西省依然处于末尾。山西农机工业不仅规模企业少,主营业务收入低,而且企业资产也很少。2016 年山西省农机局在对全省 48 家农机制造企业实地调查后发现,48 家农机企业的总资产仅为 9.9 亿元,平均每家 0.2 亿元。而山东省的福田雷沃国际重工有限公司和山东时风(集团)有限责任公司 2015 年总资产均超过 60 亿元。中国一拖集团有限公司更是超过 90 亿元。可以看出,山西省 48 家农机制造企业的总资产,不足中国一拖集团有限公司的九分之一。很显然,无论同全国还是与中部六省相比,山西省农机工业的产业规模都比较小。

（2）山西省农机装备产业发展现状

2023年,山西省共有各类农机工业企业100多家,其中规模以上企业10家左右。水泵工业企业有80余家,年主营业务收入10亿元左右,生产的产品涉及种植业、畜牧养殖业、林果业、农产品初加工、农用运输、水利排灌、农村可再生能源等机械装备行业7大门类100多个品种,其中拖拉机动力部分仍处于空白,除少量水泵类产品销往全国市场外,大部分产品以满足本省市场为主,农机配套产品及零部件基本由外省供给,农机工业整体发展水平在全国处于落后水平,购机补贴对山西省农机工业的拉动效果很不明显,农机工业发展现状已成为山西省农机化发展的制约因素,急需转型升级。

（3）山西省农机装备生产企业及主要产品情况

排灌机械。山西省是全国排灌机械主要生产基地之一,尤其是潜水泵制造技术在全国保持领先地位。山西省有水泵生产企业80余家,规模较大企业有山西天海泵业有限公司、山西天波制泵股份有限公司,企业主要产品均为系列农用潜水电泵和污水泵。山西天海泵业有限公司是我国机电行业潜水电泵大型骨干企业,是我国最早研制开发潜水电泵的主导企业,企业拥有8个控股子公司,企业生产的潜水电泵在国内潜水电泵市场占有份额10%以上,综合竞争实力在全国同行业领先;山西天波制泵股份有限公司采用国内最先进的水泵自动测试系统,全部测试过程都由计算机控制,企业研发生产的大功率隔爆泵被原国家安全生产监督管理总局推荐为各大煤矿抢险储备用泵,保持了同行业技术的领先地位。其余70多家水泵企业的潜水电泵都以内销为主,厂址均集中在晋中祁县东观经济开发区和运城解州周边区域。

农用运输机械。山西是全国农用三轮运输机械发展较早的省份,生产企业主要有山西卓里集团有限公司、山西飞象农机制造有限公司。在2000年前后的高峰时期,山西卓里集团有限公司三轮车产量在全国排名第8,当时山西省农用三轮运输机械生产规模达到1万多台。2010年后,这两个企业根据市场的需求,产品转化为以农村垃圾清运车、沼气抽渣机和果园机械等为主。2022年以来,企业着力开发生产电动类农用机械装备。

玉米收获机械。襄垣县仁达机电设备有限公司立足山西,利用本地区域优势,制造适应本地山区、丘陵及平原地带作业、质量可靠、性能稳定的大二行玉米收获机。2018年实现工业销售产值11 868万元。为丰富产品线,该公司又研发了小二行玉米收获机、四行玉米收获机、履带式二行玉米收获机、履带式三行玉米收获机、大二行改板式三行玉米收获机五个新产品,以适应东北区域和平原地带不同区域的玉米收割作业。目前五个新产品的开发都在进行当中,争取早日完成推广鉴定并进入批量生产。

田间作业机械。五台县城园丰农机制造有限公司主要生产2MBF-1/2型铺膜施肥精量播种机、2BM-4A小籽粒杂粮膜侧播种机、中药材播种机。2018年,该公司实现工业销售产值2 383万元。

其他机械。大同市捷腾机械设备有限公司生产的饲料制备机等畜牧机械已得到市场的广泛认可和用户好评;繁峙县农机修造厂生产的低温植物油榨油机,引进乌克兰先进榨油技术,供应了多家胡麻油榨油企业,对山西省胡麻油品牌推广起到了积极的作用。

（4）存在的主要问题

① 农机产品种类少、功能单一。近几年农业生产对农业机械种类的需求大致在300种以上,而山西省生产的农机产品仅100种左右。

② 农机工业发展水平低、设备落后。山西省农机工业大部分还属于劳动密集型企业，设备比较陈旧、管理比较落后，甚至有一些企业使用的加工设备还是 20 世纪 80 年代的产品。

③ 企业技术创新投入少、能力弱。

④ 企业融资难融资贵，扩大再生产举步维艰。

（5）已采取的政策措施

在贯彻落实《山西省人民政府关于促进农业机械化和农机工业又好又快发展的实施意见》（晋政发〔2012〕38 号）、《山西省人民政府办公厅关于推进电动农机发展的实施意见》（晋政办发〔2016〕94 号）的基础上，继续加大对农机装备制造业的扶持力度，研究制定《山西省人民政府关于加快推进农业机械化和农机装备转型升级的实施意见》（晋政发〔2019〕22 号），完善农机装备创新体系，优化农机装备产业结构，加强农机装备质量可靠性建设，推动农机装备产业向高质量发展转型，推动农业机械化向全程全面高质高效升级。

（6）下一步工作计划及政策措施建议

① 下一步工作计划

根据国家发展农机装备制造业的中长期规划要求，按照山西省加快装备制造业转型升级的总体部署，结合山西省农机工业发展现状和现代农业对农机装备的需求现实，我们要加快全省农机工业的转型升级，做好顶层设计，制定具体工作方案，充分发挥山西省重工业基地和装备制造业的优势，探索农机制造业转型升级的新路子。

a. 出台扶持农机工业转型升级的政策。在贯彻落实《山西省人民政府关于促进农业机械化和农机工业又好又快发展的实施意见》（晋政发〔2012〕38 号）、《山西省人民政府办公厅关于推进电动农机发展的实施意见》（晋政办发〔2016〕94 号）、《山西省人民政府关于加快推进农业机械化和农机装备转型升级的实施意见》（晋政发〔2019〕22 号）的基础上，继续加大对农机装备制造业的扶持力度，制定出台符合山西省农机工业转型升级发展要求的指导性文件，研究完善农机工业产业扶持政策，规范农机行业生产和市场退出机制，进一步优化产业结构，开发生产农民需要、市场需求的新产品，要逐步淘汰落后产能，建立有序、规范的竞争机制，促进农机工业做大做强。

b. 制定转型升级规划，促进农机工业有序发展。研究制定好山西省农机工业转型升级规划，坚持长远目标和近期实现目标相结合、需求导向和问题导向相结合、资源利用和产能挖潜相结合、"筑巢引凤"和自主研发相结合，围绕农业产业结构调整和布局的要求，按照"因地制宜、分类指导、重点突出"的原则，重点在玉米收获、薯类播种收获、免耕播种、农产品加工、丘陵山区适用的小型机具等方面有新的突破。同时要充分发挥市场配置资源的基础性作用，鼓励农机企业兼并重组、兼并收购、相互联合等方式，走集团化、集约化发展的路子，通过优化产业结构、提高装备产能、提升生产效率，打造一批龙头企业、培育一批特色企业、扶持一批零部件生产企业，形成产品结构优化、企业实力增强、行业能力提升，具有完备产业链条的农机工业新格局。

c. 探索农机生产企业与金融资本有效对接机制。面对农机生产企业独立的特征和山西省加快发展农机企业的紧迫性，要持续加大对农机企业的扶持力度，在政策、资金、人才培养等方面予以倾斜，探索农机企业与金融资本对接机制。在金融服务上对符合农机化产业发展方向、需扩大再生产规模的农机企业，金融机构应给予一定额度的信用担保，帮助企业缓解融资压力。同时其他省农机工业企业在山西省建立制造基地或与山西省内企业联营生产农机产品的,与本省农机企业享受同等的优惠政策。

d. 推动山西省农机生产企业"走出去"。抓住中国农业"走出去"以及"一带一路"倡议重大机遇。鼓励和支持省内有实力的农机企业"走出去","立足本省,面向全国",逐渐拓展国外市场,一方面要向国内外推销山西省农机企业的优势产品,如水泵、电动农机等,另一方面要与国内外优秀的农业机械生产企业合作,引进先进生产技术和生产线,提升本省农机工业整体水平;同时要抓住国家"一带一路"建设的重大机遇,推进本省优势农机产品进入周边国家市场。

② 政策措施建议

a. 完善行业管理体系。一是引导建立和完善新型整机与零部件企业的共生平等关系,遏制整机企业随意压价、欠款、抵货等信用不良行为,鼓励大企业精干主业、小企业做专做精,建立产品研发设计-生产制造-销售服务全环节,上下游企业同步参与、风险共担、利益共享的机制,形成社会化协作、专业化生产的现代农机装备产业体系;二是引导树立先进制造装备与先进制造工艺并重的理念,针对农机产品异形结构件多、不规则钣金件多、特殊要求铸锻件多、焊接点多的特点,在使用先进制造装备时,应特别注意冲压(含切割)、焊接、涂装及装配等工艺的适用性和科学性,改变重设备轻工艺的陋习,用先进的工艺手段保证先进装备的效能和效率;三是推动传统制造与现代信息技术的深度共融,以推动企业自动化、数字化、网络化、智能化技术改造带动农机装备产业转型升级。进一步支持农机装备制造企业实施自动化、数字化、网络化、智能化技术改造,促进现代信息技术在农机制造和装备上的应用,提升制造水平和质量管控能力。构建企业内部、企业间、企业与用户间生产要素互联互通的全产业链协同,真正实现提高效率、提升质量、降低成本,满足个性化定制和精准营销的需求。高度重视并大力扶持基于互联网的农机服务平台建设,通过卫星定位、远程监测、供需匹配、智能感知、轨迹记录等技术创新手段,不断提高农机服务效率,降低交易、作业与监督成本。

b. 加快建设共性科研创新平台。以解决部分领域"无机可用"与核心部件"卡脖子"等突出问题为导向,聚焦基础前沿和关键共性技术,协同农机制造骨干企业和重点科研院所,搭建国家层面的农机装备创新平台和行业技术创新联盟。通过设立科研专项、组织课题招标、开展对口协作等方式,吸引全社会关联优势企业参与农机装备短板弱项的科研攻关,助推高水平、高精度、高质量主机和零部件的研制与生产。

c. 营造有利于农机装备产业发展的政策环境。在科学评估的基础上,优化农机购置补贴政策,提高其精准性和指向性。如加大对高端农机装备产品和专业农机服务组织的补贴力度;探索以远程监控技术为手段的农机作业补贴;将秸秆离田还田、农田残膜回收、畜禽粪污处理等绿色环保农机作业纳入购机补贴范围。建立健全农机更新报废制度,加快淘汰老旧农机。修订技术规范,将"宜机化"纳入品种审定、农艺推广以及农田基本建设的评价体系。鼓励开展面向新型农业经营主体的农机融资租赁业务和信贷担保服务,调动农民购机用机的积极性。

2.2.1.5 煤化工装备

以山西阳煤化工机械(集团)有限公司(现潞安化工机械集团有限公司,以下简称阳煤化工)为代表的整机制造企业,充分发挥了龙头企业引领作用,在营收、技术创新、成果转化等方面稳居行业第一梯队。通过持续研发攻关,已具有煤制油、煤制烯烃、煤制甲醇、煤制乙二醇、煤制合成氨等煤化工专用成套设备的设计加工能力。其核心产品晋华炉3.0煤气化技术已经成为国内主流煤气化技术,技术装备辐射山西、陕西、内蒙古、山东、新疆、河南、江苏、重庆、河北等国内煤化工产业重点聚集区,新签订单数量国内市场占有率超70%,产品入选工信部2021年国家制造业单项冠军产品。推进传统煤化工装备制造企业由设备制造商向气体供应商、服务商的转变,创新发展模式与服务业态,提升煤化工装备成套化水平,打造煤气化装备国际一流系统集成商。

(1) 产业发展现状

国内外发展现状与趋势。煤化工产品可大体归纳为三大类,即煤焦化产品、煤液化产品和煤气化产品。涉及的煤化工装备种类繁多,包括以加氢反应器、气化炉、还原炉、焦化炉为主的压力容器、管道、阀门等静态装置,以及泵、风机、压缩机、空分装备等动态装备。其中气化炉是煤化工项目中的核心设备。

近年来,我国煤化工产业规模及质量均稳步增长。截至2019年,全行业可实现煤炭年转化能力约3.1亿吨标准煤,为煤炭清洁高效利用作出重要贡献。随着我国制造能力的不断提升,国产气化炉已涵盖各主流炉型,拥有了一批自主知识产权,并开始进军海外市场。煤气化炉根据物料接触方式可分为固定床、流化床、气流床三大类。其中,国内研发的固定床气化炉有赛鼎炉、云煤炉等,流化床气化炉有灰融聚炉(ICC)等,气流床气化炉包括两段炉(TPRI)、航天炉、宁煤炉、沈鼓炉、金重炉、对置四喷嘴炉、清华炉、多元料浆炉等多种炉型,拥有较好的市场前景,其中宁煤炉、沈鼓炉等出口海外。

中国石油和化学工业联合会煤化工专委会的数据显示,"十三五"末,我国已建成8套煤制油、4套煤制天然气、32套煤(甲醇)制烯烃、24套煤制乙二醇示范及产业化推广项目,产业示范取得阶段性成果。目前我国煤化工装备已实现超过90%零部件的国产化,拥有一批具有核心自主知识产权的设计制造技术,但仍有部分核心部件需要从国外进口,特别是大型先进气化技术及设备仍需要改进与提升。

山西省产业发展现状。山西省煤炭资源丰富,但当地煤炭具有高硫、高灰、高灰熔点的"三高"特点,阳煤化工成功研发的水煤浆水冷壁气化炉(晋华炉3.0)煤种适应性好,成功解决了"三高"劣质煤的综合利用问题,是在国内外具有重大影响力的创新成果,并获得了第47届日内瓦国际发明展金奖。阳煤化工是山西煤化工装备发展的领军企业。

(2) 山西省煤化工装备产业优劣势分析

① 优势

a. 上游产业链完善

煤炭是煤化工产业的基础原材料,山西省丰富的煤炭资源为煤化工装备的发展提供了广阔的市场。山西省内煤机装备等上游产业的发展为煤化工产业的生产降低设备成本,同时省内丰富的铸锻企业为煤化工装备的制造提供了多元化、个性化的基础零部件。

b. 核心竞争力强

山西省内形成了以阳煤化工为核心的煤化工产业,该公司自主研发的晋华炉突破技术瓶颈,打破了国外技术垄断,开创了现代煤化工技术改造的先河,处于国际领先地位,具有较强的核心竞争力。

c. 省内煤化工产业的重要支撑

山西省作为煤化工产业基地,聚集了较多的煤化工企业,随着环保要求的不断升级,现代煤化工产业的推进,省内煤化工企业迫切需要升级改造。依托阳煤化工、山西丰喜化工设备有限公司(以下简称丰喜化工)等企业的不断发展与升级,山西省煤化工产业正逐步向煤气化全产业链延伸,初步形成了集设备制造、化工、服务为一体的产业体系。

② 劣势

a. 省内研发平台较薄弱

山西省各类以煤化工为主的创新平台和产业联盟较少,尚未形成具有影响力的产学研合作平台,缺乏专业技术人员与专家团队的支撑。

b. 龙头企业的带动力量薄弱

阳煤化工以晋华炉为核心,在山西省内形成"一枝独秀"的局面,但尚未充分发挥其龙头企业的牵引力量,省内没有形成稳定的煤化工装备制造产业供应链与价值链。

c. 装备现代化水平较低

在新一代技术革命发展变革过程中,生产工艺趋于自动化、智能化。山西省装备生产工艺缺乏自动化、数字化的控制与操作系统,缺少对流程、质量的监测,整体生产效率与质量难以把控。

(3) 发展重点及实施路径

① 发展目标

依托山西省内丰富的煤炭资源优势,加快发展现代煤化工装备,延伸煤炭产业链。重点攻关煤化工装备关键核心技术,加速大型煤化工装置国产化,优化煤化工配套环保技术,提升行业自动化、数字化水平,坚持更加清洁化、节约化、低能耗、低排放、低投资的发展原则,创新发展模式与服务业态,从而引领全行业走向高质量发展新阶段。

② 重点方向

大力发展现代煤化工技术装备,提升煤制气(油)、煤制烯烃、煤制乙二醇等核心关键技术,研发新一代催化剂技术。重点研发煤炭直接液化、煤炭间接液化、煤制烯烃、煤气化、煤制乙二醇等一批具有自主知识产权的现代煤化工关键技术和装备,实现高压隔膜泵、高压煤浆泵、煤浆切断阀等关键零部件国产化。创新大型化碎煤加压气化技术与组合气化工艺,研发高效污水处理技术,提高资源利用率,降低生产成本。

重点发展煤化工专用压力容器,重点研发耐高压、耐高温、耐腐蚀、绝热深冷特种承压设备,高通量换热器、大型绕管式换热器,能源转化显热回收效率达80%以上的大型高压全热回收气化炉等节能、环保、特种材料煤化工装备。

延伸扩展煤化工装备产业链,将产业链向下游气体供应商延伸,完善配套设施,发展建设集约化、规模化的气化岛,为产业园区煤化工企业集中供应氢气、一氧化碳等工业气体,并进一步系统化解决园区用热、用电需求,实现环境质量持续改善,统筹园区产业协同发展,推动煤化工产业结构调整升级。

③ 实施路径

加强创新能力建设,鼓励技术创新,加大科研投入,推进山西省煤化工装备制造向高端化、精细化、现代化发展。以阳煤化工为核心,以晋华炉为抓手,提升自主核心技术,重点打造晋华炉4.0。支持山西晋城无烟煤矿业集团有限责任公司(以下简称晋煤集团)以晋城三高煤为目标原料的晋煤炉、航天炉工业化示范,推动煤炭清洁高效利用。

加快产学研融合,重点依托中国科学院山西煤炭化学研究所、清华大学山西清洁能源研究院、化学工业第二设计院、山西省应用化学研究所等一批在行业内具备较强实力的煤化工科研、设计单位,培养一批经验丰富和技术技能领先的专家队伍。创建产学研综合性创新平台,加快科研成果产业化进程,提升山西省内煤化工装备制造业的核心竞争力。

培养一批骨干龙头企业,依托阳煤化工、晋煤集团等重点企业,引导鼓励企业立足自身优势,适应市场需求变化,强化自主品牌建设,推进现代煤化工装备试点示范工程及重大项目的落地。积极发挥龙头企业牵引作用,完善省内煤化工装备配套产业,提升专用压力容器罐、高性能阀门、特种运输管道等专用配件的生产技术与工艺水平。加快山西传统煤化工装备创新升级,向高附加值、精细化生产转变,通过兼并重组等措施,进一步推动产能向优势企业集中,形成规模优势、集群优势。

提升煤化工装备成套化水平,打造煤化工全产业链。以加强协同技术创新,缩短煤化工装备与国外先进装备的差距为目标,着力提高煤化工产业上下游成套化水平。依托阳煤化工,以晋华炉、晋煤炉为抓手,进一步提升煤化工装备的煤种适应性、系统运转效率、能源利用率,优化设计流程,打造新一代晋华炉。提高大型、高压、高效化工设备系统集成和工程总承包能力,推进传统煤化工装备制造企业由"设备制造商向气体供应商、服务商"的转变,提升产业附加值,创新发展模式与服务新业态,打造煤气化国际顶级供应商。

(4)政策建议

① 鼓励企业技术创新

鼓励企业积极设立煤化工领域产业创新中心、技术创新中心,组织开展重大关键技术攻关,突破技术制约瓶颈,提升产业核心竞争力。积极与高等院校、科研院所之间形成合作平台与人才流动机制,加快前沿科技创新成果落地转化,推进现代煤化工装备建设与普及,推进政产学研用五位一体化发展。深化与国际新材料领域的交流与合作,引入国际先进的研发技术、生产设备,搭建开放式创新平台,提升国际影响力。

② 以现代服务加快升级转型

积极推进高端装备产业与现代服务业深度融合,以现代化信息技术优化煤化工装备生产工艺与流程,推动煤化工装备制造与大数据深度融合,推进煤化工装备转型升级与绿色化改造。积极应用物联网、工业软件等平台创新延伸企业价值链,通过气化岛建设完成"建岛＋供气"的一体化工程总承包项目,实现大型煤化工装备制造企业从产品制造向全生命周期价值创造延伸,从商业服务向制造资源整合延伸,推动创新型企业从单一环节优化向全产业链优化发展。

③ 完善风险补偿机制

完善煤化工装备首批次保险机制,坚持以市场运作为核心,政府积极引导,利用市场化手段分担煤化工装备首次应用示范中的风险,加快煤化工装备创新成果转化和应用,从而推动企业技术改革、创新研发的积极性。引导企业将产品列入国家、省《首台(套)重大技术装备推广应用指导目录》,利用保险手段控制和转移科技创新风险,加快科技成果转化。鼓励保险公司根据企业发展情况,完善重大装备首台(套)保险,根据产业发展特点与企业现状创新提供运输险、责任险等新型险种,扩大保险范围,建立专业团队和快速理赔通道,加快企业理赔效率和速度。

(5)产业链条日趋完善

煤化工装备产业链主要包括上游的原材料制造、中游的零部件配套加工、下游的整机制造。

在产业链上游,通过山西省特钢材料产业链的建立和发展,形成了以山西太钢不锈钢股份有限公司、太原太钢大明金属科技有限公司、山西太钢不锈钢精密带钢有限公司、山西太钢不锈钢钢管有限公司等为代表的核心供应商,为煤化工装备行业的发展提供了供应及时、质量稳定、规格齐全的各类不锈钢板材、管材、焊材等高性能的基础原材料,保证了行业的稳步发展,尤其在疫情期间,省内原材料供应体系的建立极大提升了供应效率。

在产业链中游,通过定襄法兰特色专业镇的建设,形成了以山西新世纪锻造股份有限公司、山西金正达金属制品有限公司、定襄县高中压法兰锻造厂、定襄县光大锻造有限责任公司等为代表的专业法兰加工制造厂家集群。可提供各类材料、各类规格、各类等级等全品类化工装备锻件,具有可靠的整机与零部件专业协同配套能力。

在产业链下游,以阳煤化工为代表的整机制造企业,充分发挥了龙头企业引领作用,在营收、技术创新、成果转化等方面稳居行业第一梯队。

(6)主体培育情况——龙头企业发展势头强劲

阳煤化工的装置规模和生产能力位居全国首位,综合实力位居国内前三位,品牌价值达6.27亿元。阳煤化工是国务院科技改革示范企业、国家级"两业"融合发展试点企业、中国化工装备协会副理事长单位、山西省高新技术企业、2022年山西省技术创新示范企业、山西省煤基科技成果转化示范基地、山西省智能制造示范单位、山西省专精特新"小巨人"企业。

该公司主营业务年销售额超40亿元,其核心产品晋华炉系列煤气化炉,凭借国际领先的技术水平、稳定的产品质量和强大的综合服务保障能力,市场份额逐年攀升,并获评工信部第六批制造业单项冠军产品。

(7)集聚平台情况

围绕煤化工装备的创新发展,阳煤化工建立了煤气化技术与装备国家地方联合工程中心、山西省煤炭大型气化技术创新中心、山西省煤气化装备技术院士工作站、山西省煤气化技术及装备产业技术创新战略联盟等多个创新平台,同时由国家发展改革委批复成立了1家国家级企业技术中心,为行业的转型发展提供了较为完善的技术创新、产业协作、成果推广转化平台体系。正在筹划建设的国家大型气化技术创新中心,将为行业的高质量发展带来重大机遇。

(8)技术创新情况

通过持续研发攻关,阳煤化工已具备煤制油、煤制烯烃、煤制甲醇、煤制乙二醇、煤制合成氨等煤化工专用成套设备的设计加工能力;同时在多晶硅制造装备领域,也获得了长足的发展,已应用于新疆、内蒙古等地的10余个多晶硅项目。尤其在煤气化技术装备领域,阳煤化工与清华大学联合研发的"晋华炉"系列煤气化技术装备,凭借最优的煤种适应性、高可靠性的副产蒸汽水平,已成为国内煤气化装备领域的首选装备,荣获山西省科技进步一等奖、第16届日内瓦国际发明展金奖等荣誉。

(9)产品品牌情况

高端产品品牌建设初见成效,"晋华炉"煤气化技术装备在国内煤化工行业已家喻户晓,成为国内主流煤气化技术,也是山西省内高端装备制造的一张名片。技术装备辐射山西、陕西、内蒙古、山东、新疆、河南、江苏、重庆、河北等国内煤化工产业重点聚集区,近三年新签订单数量国内市场占有率超 70%，产品入选工信部 2021 年国家制造业单项冠军产品。

晋华炉 3.0 入选国家发展改革委第二批《国家重点节能技术推广目录》，工信部《氮肥行业清洁生产技术推行方案》推广的先进适用技术。

同时 2023 年 6 月，国家节能中心对该技术进行节能应用评价。以中国工程院院士何雅玲为组长的评审专家组认为，该技术先进性和创新性处于国际领先水平，节能效果明显，经济效益良好，推广潜力巨大。

（10）市场拓展情况

通过不断的市场开拓和服务体系的完善，山西省内化工装备输出已遍及山西、陕西、河北、河南、江苏、内蒙古、宁夏、新疆、青海、甘肃、黑龙江、天津、湖南、湖北、重庆、浙江等国内市场，部分产品远销朝鲜、印尼、爱沙尼亚等国家。

同时，骨干企业与中国化学赛鼎工程有限公司、华陆工程科技有限责任公司、东华工程科技股份有限公司、惠生集团旗下惠生工程（中国）有限公司等国内外领先的工程公司建立了稳固的战略合作关系，通过强强联手，优势互补，保证了市场份额的稳步提升。

煤化工装备产业链结构如图 2-4 所示。

图 2-4　煤化工装备产业链结构图

2.2.2　新兴潜力装备做大做强

2.2.2.1　轨道交通装备

聚焦更高速度、更大运量、互联互通发展方向，结合本地地铁、轻轨等轨道交通基础设施建设以及重载货运线路发展需求，依托中车太原机车车辆有限公司（以下简称中车太原）、中车大同电力机车有限公司（以下简称中车大同）、中车永济电机有限公司（以下简称中车永济)、太原重型机械集团有限公司(以下简称太重集团)、智奇铁路设备有限公司、晋西车轴股份有限公司等大中型企业,围绕电力机车、高速列车、城轨车辆,构建起相对完整的"轮轴-高速轮对、摇枕侧架-走行、电传动系统-整车"产业链。太重集团自主研制的时速 350 km 动车组轮轴核心技术实现国产化;中车永济的 350 km 标准动车电传动系统实现了核心关键技术突破,已成为国内主流供应商;中车大同的永磁直驱大功率交流传动电力机车首次实现永磁直驱技术在大功率机车上的应用。

依托山西省轨道交通产业技术联盟、山西省高速飞车产业技术联盟,推动太原重工轨道交通设备有限公司(以下简称太重轨道)高速列车关键零部件智能工厂项目、山西中设华晋铸造有限公司矿山及轨道交通装备基础零部件绿色化升级改造项目等重点项目尽快投产落地。加大产业链中游整机产品开发力度,着重提升零部件研发和生产水平,围绕上游材料生产和下游设备维保进行产业链补链发展,特别向应用、服务等产业链下游延伸,培育太原、大同、运城三大轨道交通装备制造业基地。

2.2.2.2 新能源汽车

大运汽车股份有限公司(以下简称大运汽车)2 万辆纯电动轻型客车、大运汽车 10 万辆纯电动多用途乘用车、大运汽车氢燃料电池重卡项目、山西蓝科途锂电池隔膜等重点项目落地投产,电动车规模化量产能力明显提升。持续加大低成本高纯度氢气提取、氢燃料电池电堆、燃料电池发动机等技术研发力度,加快建成全国性的智能网联大数据中心和氢燃料电池商用车运营示范基地。以电动汽车为主体,氢燃料汽车、甲醇汽车、燃气汽车为辅的产业格局初步形成,以晋中吉利(吉利汽车集团)、大运重卡、成功(山西成功投资集团有限公司)纯电动物流车为代表的品牌影响持续扩大,太原至晋中、运城、长治、临汾、大同五个产业集群加快构建。

2.2.2.3 新能源装备

"十四五"以来,山西省光伏产业链形成了 8.69 GW 光伏电池片、11.63 GW 光伏组件、1 880 万 m^2 光伏玻璃的产能。风电装备产业链构建了以风电整机制造引领,发电机、法兰、塔筒、电缆、齿轮箱等配套产品同步发展的产业链体系。在潞安太阳能科技有限责任公司(以下简称潞安太阳能)、晋能清洁能源科技股份公司(以下简称晋能科技)、晋能光伏技术有限责任公司等龙头企业牵引下,形成了铸锭/拉晶-切片-电池片-组件产业链条。晋能科技超高效异质结太阳能组件,电池效率最高达 24.73%,远销法国、日本等国家。潞安太阳能 PERC(passivated emitter and rear cell,钝化发射极和背面)电池性能处于国际先进水平,最高转换效率接近 23%,生产规模位居全球前十。

2.2.2.4 电子信息装备

依托中国长城科技集团股份有限公司(以下简称长城)、百信信息技术有限公司等整机制造企业,不断提高桌面终端、高性能服务器、云应用终端等规模化生产能力和产品质量水平。按照链条化、集群式模式大力引进芯片设计、制造、存储、显示、外设、电源等相关配套产业,推动长城电源、量子芯云可信存储、源创存储、华存电子存储控制、亿显液晶显示器、聚源光学显示器等品牌产品在晋落地和产业化发展。加快麒麟、统信等核心操作系统厂商布局,培育一批信创基础软件品牌。2022 年,山西省电子信息制造业实现营收 1 697.2 亿元,"十四五"以来年均增速达到 16.6%。

2.2.2.5 通用航空装备

山西省通用航空发展历史悠久，为大力发展通航产业，从2017年开始，国家和山西省先后出台了多项促进通航产业发展的政策，包括《国务院关于支持山西省进一步深化改革促进资源型经济转型发展的意见》《山西省通用航空业发展规划（2018—2035年）》。2019年，山西省获批"国家通用航空业发展示范省"，山西省正在持续建设太原、大同、晋中、长治等通航产业园区，初步形成省内四大通航产业集聚区，为山西省通用航空制造业发展奠定了基础。

全省紧抓国家大力促进通用航空产业和推进空域管理改革的发展时机，以获批"国家通用航空业发展示范省"为契机，大力发展通用航空制造业，通用航空装备生产能力显著提高。以小型涡扇/涡桨公务机、多用途小型飞机、中型特种飞机为重点，整体制造能力明显提升。大同轻型飞机制造有限公司具备较强整机制造能力和研发创新能力，禧佑源航空科技集团有限公司飞机拆解项目落地投产，山西迪奥普科技有限公司（以下简称迪奥普）等11家企业开展无人机制造，北航蜜蜂飞机制造项目、迪默透轻型航空发动机项目等投产，太原钢铁（集团）有限公司（以下简称太钢集团）TG800H级碳纤维、TG300碳纤维、无取向硅钢（0.2 mm）系列产品成为国家航天航空碳纤维主力供应产品，山西三元炭素有限责任公司、国家电投集团山西铝业有限公司（以下简称山西铝业）等企业正在开展沥青基碳纤维、铝（镁）合金材料、钛合金材料在航空机载产品的应用制备研究。

依托山西省通用航空产业联盟、太原理工大学航空航天学院等优势平台，推进飞行仪表产能提升项目、太原飞机拆解项目等重点项目加快投产落地，发挥太原航空仪表有限公司（以下简称太航仪表）航空机载电子设备技术优势和山西支点科技有限公司动态响应等核心技术优势，利用山西钢科碳材料有限公司（以下简称山西钢科）高性能碳纤维材料先进技术，提高通用航空产业链稳定性和竞争力，打造山西通航示范省。

（1）产业发展现状

① 世界通用航空产业现状

从全球看，通用航空产业主要集中在美国、欧洲、加拿大、澳大利亚等发达国家和地区。美国拥有成熟的通用航空市场，通用航空产业链的上游、中游和下游企业之间相互推动、相互制约，形成完整的产业链条，是世界通用航空产业最为发达的国家。根据美国通用航空制造商协会（GAMA）发布的数据，2018年全球共有通用飞机44.6万架，其中美国拥有21.1万架，加拿大为36 723架，2018年全球通用航空飞机交付量为2 443架，较2017年增加118架，增长5.08%。多年来，北美地区通用航空产业在全球通用航空市场中占据主导地位。根据美国通用航空制造商协会的统计数据，2019年上半年，全球通用航空飞机交付量1 139架，同比增长7.8%，其中北美地区交付量为802架（美国为747架），占全球通用航空飞机交付量的70.4%，欧洲交付量为283架，占24.8%，而包括亚洲在内的全球其他地区仅占4.8%。

② 我国通用航空产业现状

通用航空产业是国家战略性新兴产业，承载着提升高端装备制造能力、完善综合交通运输体系、改善民生和升级消费的重要使命。2018年，中国通用航空飞机规模为2 415架，占全球通用航空器数量的0.54%。我国通用航空飞行市场主要集中在工农业和社会公共服务业，这两类市场占通用航空飞行市场总额的80%以上。2006年，我国获得通用航空经营许可证的通用航空企业仅有68家，2011年达到了123家，五年时间增长了近一倍，而截至

2018年年底,我国获得通用航空经营许可证的通用航空企业已经增长至了422家,年均复合增速进一步扩大。以集群分布来看,哈尔滨、石家庄、珠海、成都和荆门等地的优势企业主要发展大中小各型通用飞机和特种飞行器;景德镇、哈尔滨和天津等地的优势企业主要发展大中小各型直升机;其他部分省市也开展了轻小型通用飞机和直升机的研发。根据《产业技术创新能力发展规划(2016—2020年)》,我国航空装备产业以加快大型飞机研制,提升航空发动机创新能力,建立产业配套体系,开发宽体客机、干支线飞机、直升机、无人机和通用飞机及其机载系统,高推重比、大涵道比涡扇发动机及先进涡桨(轴)发动机技术为主要发展方向,同时将加强航空材料研制,提高国产元器件的性能、质量、寿命和可靠性,形成独立完整的航空产业链。

③ 山西省产业发展现状

机场设施方面,山西省有3个航校基地通用机场和若干直升机起降点。航空原材料方面,中国科学院山西煤炭化学研究所具有国内领先的研发实力;太钢集团高性能TG800H碳纤维产业化项目已投产,成为国家航天航空碳纤维主力供应商;山西三元炭素有限责任公司等企业正抓紧研发新一代沥青基碳纤维技术并实现产业化。航空制造方面,省内现有太原航空仪表有限公司等8家航空制造企业,在研制航空仪表及相关传感器、野外隐身防护装置、无人机方面具有一定优势。产业集群方面,正在建设太原通用航空产业基地,借助山西获批"国家通用航空业发展示范省"的契机,进一步培育发展大同市通用航空产业集群。《山西省通用航空业发展规划(2018—2035年)》明确,到2035年,通用航空业直接产值达到500亿元人民币,带动总产值达到1 200亿元人民币。

(2) 山西省通用航空产业优劣势分析

① 优势

a. 自然环境和区位优势

山西是典型的黄土广泛覆盖山地高原,境内大部分地区海拔在1 500 m以上,拥有良好的自然环境,适宜全年飞行,时间充裕,有利于培育通用航空应用市场。山西地处我国中部,承东启西,贯通南北,毗邻京津冀,有着独特的通用航空经济区位优势。省域通航运营网络方便与周边地区的通航网络互联互通,形成区域通航网络,并进而辐射全国,有望成为全国通航网络的重要节点和核心区。

b. 国家政策支持

国务院印发《国务院关于支持山西省进一步深化改革促进资源型经济转型发展的意见》(国发〔2017〕42号),支持山西走出一条转型升级、创新驱动发展的新路。国务院办公厅发布《关于促进通用航空业发展的指导意见》,在通用航空市场培育、加快通用机场建设、促进产业转型升级、扩大低空空域开放等方面提出了系列政策支持。

c. 省内各级政府、各行业发展积极性高

《山西省"十三五"开放型经济发展规划》《山西省"十三五"科技创新规划》《山西省"十三五"服务业发展规划》以及各市"十三五"发展规划中都提出要推动通用航空、高端制造业和现代服务业的协同发展,完善开放口岸平台。省内各市、县(市、区)和有关部门对发展通用航空产业积极性很高,有超一半的县(市、区)拟建A3以上通用机场。民政、公安、农业、林业、卫生计生、旅游发展、气象、测绘等部门都对通用航空需求旺盛,并做了一定的基础工作。

d. 国内通用航空市场需求

随着我国经济社会发展水平的不断提高和国家对低空空域管理的不断完善,以包机业务为主的短途航空运输、电商和物联网发展带来的快递运输、高效便捷的无人机货物运输等需求不断增加,航空应急救援和医疗救护市场不断扩大,环境监察、吊装作业、空中巡查等新兴通航作业日益增多,休闲娱乐飞行、航空运动消费、低空旅游等市场前景可观。同时,通用航空应用市场需求的增加必将带来通用航空飞行器数量的急剧增加,碳纤维、铝合金、镁合金等航空高端材料的市场需求会越来越大,应用也会越来越广泛。

② 劣势

a. 通航基础设施不完善

山西省现有的运输机场和航校基地机场未向社会全面开放,已有的资源不能得到充分利用。专用的通用机场目前都还处于在建或筹建中,临时起降点也在布局规划过程中,没有形成点、线、面相结合的通航基础设施网络。

b. 通航市场开发不足

公安、农业、林业、医疗、测绘、气象、抢险救灾等行业通用航空公益性运营和生产性作业业务开展不足。能有效提高出行和运输效率的省内短途客货运输业务没有形成网络型运营布局。全省丰富的旅游资源也未和空中游览、航空娱乐等消费类通航运营充分结合,未形成战略性统筹布局。

c. 通航制造基础较弱

一是通航飞行器整机制造产业基础薄弱,研发体系尚未建立。目前仅有部分直升机、固定翼小型运动型飞机的组装能力,研发、品牌、适航认证等关键环节均受国外企业掌控。大型通航飞机、各类运动类飞行器等整机生产还属于空白。无人机产业主要以组装和改装为主,关键零部件和模块均需外购。二是原材料和零部件等配套产业发展不足。山西省尚不具备生产航空用高端铝合金的生产设备和工艺技术,一些航空用复合材料如高端碳纤维已实现产业化,但尚未取得适航材料认证。通航零部件领域仅有太原航空仪表有限公司具备民用航空仪表及相关传感器的生产能力,且在通航市场占有率不高。其余企业受到适航认证、市场、技术等因素影响,尚未进入通航零部件领域。

d. 通航企业规模较小

缺乏省、市、县财政支持,山西省内通用航空业务量不足,通航企业运营困难。通航企业与行政、事业单位合作存在体制制约,影响企业发展并造成资源浪费。缺少具有示范、带动作用的骨干通航企业,通航项目匮乏,产业链尚未有效打通。

e. 通航资源未能有效整合

已具备发展通用航空所需要的研发、资本、机场、项目、实施单位等基础资源尚未能统筹有效整合。目前众多资源型和加工型企业都面临转型的瓶颈和契机,但缺少发展方向引领和优秀项目。

(3) 发展重点

发展目标。根据《山西省通用航空业发展规划(2018—2035年)》,努力促成山西省建成中国"面向华北,服务全国,连接海外"的通航产业先行先试平台,助推全省产业结构调整与经济转型。率先在山西境内改变现在国内干支线航空为主、通用航空为辅的"倒金字塔"状态,建立完整航空运输的"金字塔"状市场和航空网络体系,形成通用航空产业集聚效应凸显的战略性新兴产业,实现"通航强省"的战略目标。

重点方向。发挥科研优势突破关键通航材料，依托中国科学院山西煤炭化学研究所、太钢集团高性能 TG800H 碳纤维产业化项目等，推动其加大对航天航空材料的研发力度，并支持山西三元炭素有限责任公司等企业研发新一代沥青基碳纤维技术并实现产业化。助推建立 1～2 个具备整机研发和航空材料研发能力的省级以上工程（技术）研究中心和重点实验室，形成较为完备的企业自主创新平台。

加快军民融合发展通航配套仪器仪表，支持太原航空仪表有限公司等航空制造企业，研制航空仪表及相关传感器、野外隐身防护装置等军转民产品，将太原打造成为国内一流的航空机载装备生产基地。加快发展太原通用航空产业基地、大同通用航空产业园和青云通用航空产业基地等通航产业集聚区，形成通用航空产业集聚效应凸显的战略性新兴产业，实现"通航强省"的战略目标。

建设太原通用航空产业基地。借助现有航校、航空维修、培训资源以及建设规划中的通航机场等，积极发展飞机整机制造及临空相关产业。建设国产民机大众化运营示范基地，引领实施国家基本航空服务计划。建设集教育培训、应急救援、医疗救助、私人体验飞行于一体的通用航空运营基地。发展通用航空旅游服务、新兴通用航空产业，推进军民融合，拓展国际、国内合作新领域，建设融科研、制造、服务于一体的航空产业体系。

全力培育先进航空全产业链。包括航空材料-通航飞机研发与制造-机场建设及航线规划-通航大数据共享服务-无人机货运系统等，打造通用航空发展的山西样板。充分考虑太原、大同、长治等市有关航空制造方面的优势条件，积极推动纳入第二批通用航空产业综合示范区，这可以为山西省贯彻国家制造业高质量发展要求、加速推进工业"结构反转"、加快经济转型升级注入新的强大动力。

（4）实施路径

在通用航空产业布局上，根据全省通航产业规划引领，高质量推进通航产业发展；在培育市场主体上，做优做强本地通航龙头企业，形成示范效应；在推动产业集群化发展上，打造大同全省通航产业发展示范、建设太原通用航空产业基地、构建长治通用航空产业基地；在产业链构建上，加大科技投入和创新力度，通过推动一批关键技术和项目发展，培育研发及制造产业链，加快建设通航示范省。

（5）政策建议

① 培育通用航空产业集群为主线创建创新生态体系

a. 坚持"全面构建"，完善产业链一体化创新生态体系。一是精准定位通航装备主导产品和细分方向，绘制产业链一体化创新生态图。在全省范围内全力培育先进航空材料-通航飞机研发与制造-机场建设及航线规划-通航大数据共享服务-无人机货运系统等全产业链，打造通用航空发展的山西样板。二是坚持"重点示范"，以示范市、示范园区、龙头企业、重点项目为依托推进通航装备产业创新生态示范集群建设。加快集聚行业龙头企业、标杆项目和领军人才，推进技术、资本、产业协同创新，推动关键领域重大共性技术、前沿引领技术取得新突破，形成具有比较优势和重要竞争力、影响力的创新生态系统，把山西省比较优势、后发优势变成发展优势、竞争优势，发挥大同示范市、大同通航产业园（中德园）、太航仪表等龙头企业、航空级碳纤维增强复合材料等重点项目的示范、辐射引领作用。

b. 打造创新生态技术体系。一是构建重大技术创新体系。聚焦着力突破一批关键共性技术、着力建设一批重大创新平台、着力发展一批创新型领军企业。实施关键核心技术和共性技术突破、重大科技创新平台引领、创新型领军企业及高新技术企业培育等工程。二是构建创新全覆盖体系。推动通航装备企业与高校、科研院所联合设立研发机构,鼓励企业加大创新投入,强化技术研发活动,构建全覆盖体系。三是构建创新成果产业化体系。进一步协助引导高校广泛开展双创活动,鼓励引导双创团队进驻山西"智创城"省级双创中心,加快孵化转化。四是构建创新协同体系。以数字化、网络化、智能化"三化"牵引产业创新发展,积极参与产学研深度融合技术创新体系和"互联网+"融合创新体系建设。五是构建创新平台承载体系。依托开发区打造创新集聚发展平台,打造"双创"要素集聚平台。六是构建开放创新体系。深度融入全球创新体系,推动跨区域协同创新。七是建立创新标准化信息化体系。积极推动创新生态标准化体系和创新生态信息化体系建设,努力打造全省创新综合调度平台。

② 拓展激活创新人才队伍

一是加强高层次创新人才队伍建设。强化"高精尖缺"人才精准引育,推动产教融合发展,培育创新型企业家。二是打造专业型创新人才队伍。以成立太原理工大学航空航天学院/研究院为契机,加强与中国商飞、中国航天科工集团第三研究院合作,实现航空航天关键技术突破,引领高新技术创新。三是打造创新人才集聚平台。强化创新平台与基地的"磁吸效应",加快布局集群重点实验室、制造业技术创新中心、科技成果中试孵化与产业化基地等,引进培育服务创新高端智库平台。四是充分激发人才创新创造创业活力。健全创新激励机制,支持通航制造装备产业企业完善弹性引才引智机制,强化人才支持计划。

③ 增强创新财税金融支撑

一是引进投资基金缓解企业融资困难。积极引进风险投资、天使投资基金等,支持建立政银合作、银担互保的中小企业贷款风险分担和损失补偿机制,服务集群企业发展。二是强化财政创新投入。强化新动能资金支持,支持通航装备产业集群技术改造项目建设,努力争取应用基础研究计划、科技重大专项、重点研发计划等省科技计划(专项、基金等)更多支持集群项目。三是引导金融业加强创新支持。综合运用各类融资工具和增信工具,支持银行、金融机构、基金公司等共同成立金融联合体,为企业各发展阶段提供相匹配的差异化金融服务。推进重点产业金融服务,鼓励创新型领军企业上市。四是落实国家激励创新的税收政策。实施激励企业创新税收政策,完善促进高新技术企业发展税收政策。

④ 改革重塑创新制度文化

一是完善创新制度。配合科技部门完善重大科技项目攻关机制、落实知识产权保护制度、完善创新考核评价制度,深化科技领域"放管服"改革。二是培育创新文化。树立"资源有限、创新无限"等理念,培育创新容错文化、创新工匠文化。守正创新、专注品质、追求卓越,推动"山西制造"向"山西智造"转变,打造更多享誉全国乃至世界的"山西品牌"。通用航空装备产业链结构图如图 2-5 所示。

(6) 从通用航空全产业链发展看山西通航产业

机场设施方面,全省有太原武宿 1 个干线机场及长治、大同、运城、临汾、吕梁、忻州 6 个支线机场,有 3 个航校基地通用机场和若干个直升机起降点。航空原材料方面,太钢集团 TG800H、TG300 碳纤维、无取向硅钢(0.2 mm)系列产品成为国家航天航空碳纤维主力供应产品,三元炭素有限责任公司、山西铝业等企业正在抓紧研发新一代沥青基碳纤维、铝(镁)合金材料、钛合金材料技术并实现产业化。航空装备制造方面,山西省通用航空制造业

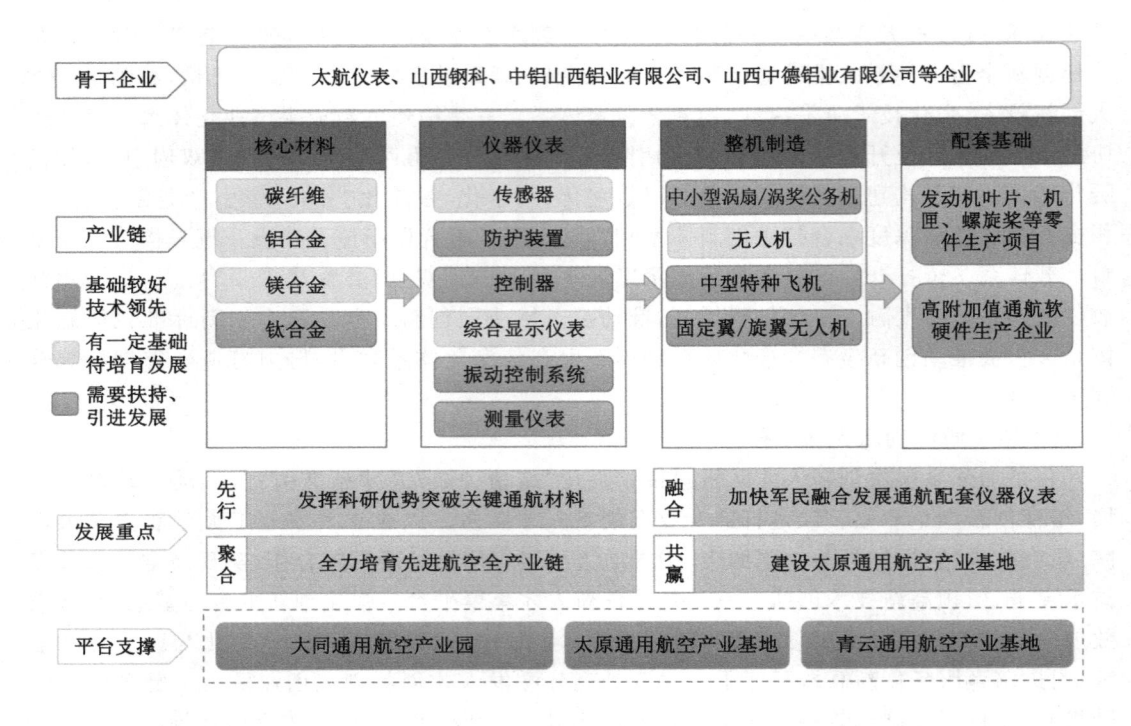

```
骨干企业 ─── 太航仪表、山西钢科、中铝山西铝业有限公司、山西中德铝业有限公司等企业

产业链

            核心材料           仪器仪表          整机制造              配套基础
            ┌碳纤维┐          ┌传感器┐         ┌中小型涡扇/涡桨公务机┐  ┌发动机叶片、机┐
            │铝合金│          │防护装置│        │    无人机        │  │匣、螺旋桨等零│
            │镁合金│          │控制器 │        │ 中型特种飞机      │  │件生产项目   │
            └钛合金┘          │综合显示仪表│    │固定翼/旋翼无人机   │  │高附加值通航软│
                              │振动控制系统│                          │硬件生产企业 │
                              └测量仪表 ┘

■ 基础较好技术领先
■ 有一定基础待培育发展
■ 需要扶持、引进发展

发展重点
  先行 ─ 发挥科研优势突破关键通航材料      融合 ─ 加快军民融合发展通航配套仪器仪表
  聚合 ─ 全力培育先进航空全产业链          共赢 ─ 建设太原通用航空产业基地

平台支撑 ─ 大同通用航空产业园  太原通用航空产业基地  青云通用航空产业基地
```

图 2-5 通用航空装备产业链结构图

企业共有 20 余家，其中规模以上企业 8 家，2022 年营业收入不足 20 亿元。太航仪表、山西支点科技有限公司机载和地面设备具有较强市场竞争力，大同轻型飞机制造有限公司开展整机制造，禧佑源航空科技集团有限公司飞机拆解项目落地投产，迪奥普等 11 家企业开展无人机制造。

① 优化产业布局。在全省范围内全力培育先进航空材料-通航飞机研发与制造-机场建设及航线规划-通航大数据共享服务-无人机货运系统等全产业链，打造通用航空发展的山西样板。

② 培育龙头骨干企业。重点培育太原航空仪表有限公司、大同轻型飞机制造有限公司、山西钢科、禧佑源航空科技集团有限公司等龙头企业。

③ 推动产业集群化发展。支持大同以德国轻型飞机、美国传奇飞机和轻型发动机制造等为基础，逐步引进小熊飞机和蜜蜂飞机落户大同。建设太原集教育培训、应急救援、医疗救助、私人体验飞行于一体的通用航空运营基地。构建长治以高端装备制造、飞机维修改装、航空新材料研发生产、人才培训、航空旅游、产业配套服务等为核心的山西东南部通用航空工业制造基地。

④ 补全通用航空制造业产业链。引导培育一批关键技术，推进一批标志性项目取得成果，推动太航仪表公司飞行仪表产能提升、禧佑源航空科技集团有限公司飞机拆解项目、大同轻型飞机制造有限公司大同通航产业园（中德园）项目进一步投产。

为进一步落实《山西省"十四五"新装备规划》，加快推动 C919 国产大飞机总装线和配套项目在山西省落地，统筹推动山西省航空制造业高质量发展，山西省政府成立了山西省航空制造业高质量发展工作专班，由杨勤荣副省长担任组长。工作专班贯彻落实省委、省政府的决策部署,统筹省内外各方资源,协调省直有关部门、航空制造企业等主体,加快推动C919国产大飞机、通用航空等在山西省有更多布局,促进航空制造业发展壮大。

2.2.2.6 节能环保装备

支持山西天宝集团有限公司(以下简称山西天宝)省级企业技术中心、中车永济国家企业技术中心等研发平台,提高锅炉自动化控制,主辅机匹配优化,高效电机设计、匹配和关键材料、装备,以及高压变频、无功补偿等技术水平。建设太原、忻州高效锅炉制造集群,重点发展节能电机、变压器、水泵等高效节能产品。加快研发重金属废水处理、膜处理、工业园区废水集中处理、污泥处理等环保技术和装备,重点推进昌灏环保利用水泥窑协同处置危险废弃物技术改造等项目建设。

2.2.3 战略需求装备布局未来

2.2.3.1 智能机器人

聚焦上游核心零部件(控制器、伺服电机、减速器、传感器等)、中游专业特种机器人(掘进机器人、钻锚机器人、工业机器人)和下游解决方案(自动化生产线、机器人应用基地等),以太重集团为代表的重点企业,在工业机器人、焊接机器人、自动化成套装备等领域发挥着自身的应用优势,晋城鸿智纳米光机电研究院有限公司的超高速机器视觉与新一代智能制造机器人项目已获审批,东杰智能科技集团股份有限公司智能装备及工业机器人项目已试产;山西科达自控股份有限公司等企业积极参加工信部特种机器人产业链"揭榜"活动,山西华翔集团股份有限公司、山西同誉金属材料科技有限公司、大运汽车、太重轨道、山西惠丰特种汽车有限公司等大量省内企业积极实施技术改造,提升生产线机器人智能化水平。

2.2.3.2 高端工业母机

通过定向招商国内领军企业、投资并购拥有核心技术的国际机床企业等途径,加速高端机床主机研发,积极开展关键零部件联合攻关,破解核心零部件"卡脖子"短板。依托康硕(山西)低应力制造系统技术研究院有限公司、太原通泽重工有限公司、太原工具厂有限责任公司等企业,重点发展汽车覆盖件冲压、充液成形、激光焊接、无模铸造等先进成形装备,为新能源汽车、轨道交通、重型机械、智能煤机等多个新装备领域制造能力的提升提供有力支撑。加快大数据、人工智能、远程运维服务等新技术新模式的融合应用,提升先进成形装备智能化、绿色化水平。

2.2.3.3 航空航天装备

通用航空智慧运营及无人机技术山西省重点实验室获批建设,新一代航空碳纤维技术、互联网精密导航运营技术、北斗高精度定位技术等行业应用技术加速突破,实现商业化应用。恶劣环境下智能装备技术山西省重点实验室研制的高温电磁超声腐蚀检测仪等系列化监/检测仪器成功实现国产替代。禧佑源航空科技集团有限公司飞机再制造、维修和航空服务等业务加快发展。山西新华防化装备研究院有限公司全程参与、自主研发、深度定制了从"神舟五号"到"神舟十六号"所使用的空气净化和生命保障装备。太重集团生产的航天发射塔架,承担了我国全部的火箭发射任务。

2.2.3.4 航舶海工装备

山西省航舶海工装备产业以"高端化、系列化"为重点,主动参与国家海洋战略,积极推进海洋装备产业稳步发展。中国船舶汾西重工赛思亿电气科技有限公司轴带发电系统打破轴带发电技术壁垒,汾西重工研制生产的 19 MW 半直驱永磁风力发电机刷新全球最大单机容量纪录。太原重工研制生产的自升式海洋钻井平台、多功能辅助作业平台以及风电吊装船、海上升压站、打桩锤等全系列配套产品,成为山西省海洋装备产业的拳头产品。中车永济研制生产的半直驱永磁同步风力发电机填补了 8 MW 级国内最大功率半直驱风力发电机试验平台的空白,太原重工新能源装备有限公司 10 MW 海上风电机组整体技术指标达到国内领先水平。

大力推动海洋船舶配套装备产业发展,做大做强船用电机、电力推进系统等关键配套部件,吸引优势海工装备设计与配套部件生产企业入驻山西。培育深潜器生产制造基地和海洋装备制造产业的新能源电池(如燃料电池)产业园区。加强新材料对海洋装备产业的支持力度,打造高性能材料海洋装备零部件产业园区,提升海洋装备的性能。

2.2.3.5　智能制造装备

依托太原重工新能源装备有限公司、晋城海装风电设备有限公司等整机总装企业,联合中车永济、汾西重工、山西江淮重工有限责任公司(以下简称江淮重工)、山西天宝、山西金瑞高压环件有限公司等产业链上下游企业,筹建山西风电装备产业技术联盟,做大山西省风电产业规模,着力发展新能源装备智能制造产业,着力发展高速机器视觉系统、锑化物半导体激光器等具有突破性的光机电装备,开发纳米微晶陶瓷部件、纳米硬质合金刀具等关键部件,打造太原、长治、晋城光机电产业集群,做精做强电子智能装备产业。依托百度(山西)人工智能基础数据产业基地开展场景数据标注,推动相关平台建设,不断提高智能网联汽车应用后台云服务水平和新能源汽车产业智能化水平。

2.3　重大战略任务推进情况

《规划》中提出了创新生态培育工程、产业基础再造工程、智能绿色升级工程、先进集群打造工程、制造服务增值工程和央地融合发展工程等六项重点任务,重点战略任务的整体推进方面取得了良好的进展,保持了持续的竞争优势,具体推进情况如下。

1. 坚持系统观念,创新生态加快优化

制度创新环境逐步优化。印发《支持太忻一体化经济区发展高端装备制造业工作方案》,并通过技术改造资金支持、智能制造诊断等方式大力促进太忻装备企业提质增效。组织召开全省民用飞机制造业企业安全生产和无线电电磁环境安全隐患排查专项活动,组织并推荐山西省优秀企业参加中国通用航空创新创业大赛。完善首台(套)重大技术装备保险补偿机制试点工作,积极开展产业政策和推广应用指导目录(2022 版)起草工作。组织企业参加鄂尔多斯煤机展、贵州煤机展,竭力促进省内煤机企业扩大市场。支持省装备制造业职业教育集团深入开展智能制造工程教育工作,协助完成第二届晋阳湖·数字经济发展峰会、5G＋工业互联网＋智能制造现场会等相关工作。

技术创新能力逐步提高。由原山西晋城无烟煤矿业集团有限责任公司承担的"十三五"国家油气重大专项"山西重点煤矿区煤层气与煤炭协调开发示范工程"在沁秀公司岳城矿单井日抽采煤层气、累计抽采量均创世界采空区井抽采最高水平。太原市京丰铁路电务器材制造有限公司生产的"Y 系列电液转辙机"获德国莱茵集团 TÜV 欧盟 MD 机械指令和

EMC电磁兼容指令符合性认证,是国内首款获此证书的电动液压转辙机;2021年中国煤炭科工集团太原研究院自主研制的我国首套快速掘进智能成套装备成功应用,创建了"无人跟机作业,有人安全值守"新模式。中国煤炭科工集团太原研究院正式建成国内首个矿用导航技术实验室,掘支运一体化快速掘进系统荣登《人民日报》。太重集团轨道车轮一厂智能化升级改造项目首件热轧车轮顺利产出,5.6/8/10 MW风电机组新产品及国内首台VVER-1200核电机组环吊都取得优异成绩。晋能控股装备承揽制造的全省首套高端化、智能化综采成套设备在王家岭煤业公司开始进行井下联合调试,有力推进了王家岭煤业公司矿山智能化建设步伐。

原始创新攻关逐步加强。加速三级企业技术中心体系建设,强化新型研发机构培育,促进制造业创新中心增量提质。2021年以来,新培育了2家国家级企业技术中心,分别为山西天地煤机装备有限公司技术中心和山西航天清华装备有限责任公司技术中心,详见附表2;新增省技术创新中心19家,详见附表3;新增省级以上重点实验室8家,详见附表4;新增省级工程研究中心6家,见附表5。加快培育创新主体,持续开展省级技术创新示范企业认定工作。累计培育科技型中小微企业达837家,装备制造高新技术企业189家,装备制造高新技术产业占省级高新技术产业的比重为15.4%,累计培育国家重点扶持高新技术企业1 456家,装备制造高新技术企业276家,装备制造高新技术产业占省级高新技术产业的比重为18.9%,装备制造高新技术产业比重明显增加。

智慧联盟支持逐步增强。聚集智能制造相关领域的解决方案供应商、系统集成商、智能装备供应商、软件开发商以及咨询机构、科研院所、行业协会等企事业单位,推动成立了"中国智能制造系统解决方案供应商联盟山西分盟",成为全国第六个在地方层面建立的分盟,开展智能制造企业政策宣讲和典型案例分享活动,举办了"山西省智能制造新业态培训班(第三期)"。先后成立了智能制造产业技术联盟、智慧矿山协同创新联盟等行业联盟,加强"政产学研金服用"的紧密结合。召开了以"智改数转,打造智能制造新业态"为主题的第一届山西省智能制造推进大会。组织开展2021年安全应急装备应急试点示范工程申报,公布2022年山西省重点行业重大关键共性技术导向目录160项,其中新装备领域32项,占比为20%,详见附表6。

创新投入渠道逐步拓宽。按照2021年数字经济资金支持方向,对2020年度省级智能制造示范企业、标杆项目、诊断评估项目进行资金奖励支持,额度达1 900万元,复制推广效果显著;两批次省级技术改造专项资金智能制造示范专项项目共计支持15个项目24 047万元资金,拉动项目总投资459 722.7万元、固定资产投资399 507.59万元;2022年省级数字经济发展专项资金智能制造项目第一批46个项目、第二批16个项目均已报送资金下达计划表,共拟奖补资金3 365万元,助力规上企业智能化改造,引领企业转型升级。

2. 坚持延链补链,产业基础持续稳固

企业研发活力增强。坚持创新驱动赋能,企业研发能力不断增强,2021年新增省级企业技术中心9家,2022年新增省级企业技术中心12家,详见附表1。截至2023年年底,省级企业技术中心累计462家,详见附表7。2022年全省新增省级技术创新示范企业11家,详见附表8。2020年R&D经费支出156.2亿元,营业收入为22 020亿元;2021年R&D经费支出186.2亿元,营业收入为33 682亿元。2020年、2021年R&D经费支出分别占当年营业收入的0.71%、0.55%,2021年R&D经费支出比2020年提高了19.21%。井下探放水作业、井下喷浆作业等4个场景入选工信部矿山领域机器人应用优秀场景,获取工信部支持;钢结构智能生产、预制构件焊接等2个场景入选工信部建筑领域机器人应用优秀场景,有力促进了矿山、建筑等领域机器人的推广应用。聚焦科技前沿研究,着眼突破"卡脖子"难题形成的基础研究成果;聚焦产业高质量发展,着眼于解决山西省制造业领域关键技术难题的重大科技成果。中国机械工业联合会和中国机械工程学会联合颁发的"机械工业科学技术奖"、山西省人民政府颁发的"山西省科学技术奖",提升了企业创新的积极性,增强了创新发展的动力,在技术创新方面取得突破性进步。

产业链条不断强化。山西省高端装备制造产业链主要包括轨道交通装备、智能煤机、工程机械,链主企业为太重集团、中车太原、中车大同、晋能控股装备、天地煤机5家企业,链上企业为中车永济等130家企业。轨道交通:发挥太重集团"轨道交通轮轴系统山西省重点实验室"的作用,重点研发高可靠性机车车轮制造技术,城市轨道交通轻量化齿轮箱设计制造技术,长寿命、苛刻环境适应性轨道交通轮轴关键技术;发挥中车大同"西创氢动力技术协作联盟"的作用,合作开展DF4B机车氢动力改造项目,推动公司新能源机车技术实现快速市场转化;中车太原深度挖掘大秦、唐呼、瓦日和蒙华四条重载铁路线的合作机遇,拓展重载货车检修产业链,带动轨道交通装备关联企业集群发展。智能煤机:依托晋能控股装备、天地煤机、平阳重工、太重煤机、山西煤机等龙头企业,重点建设有国际水平的煤机综采综掘成套设备研制的平台基地,提升智能化电液控制系统和集中供液系统的研发制造能力;建设高端钻机制造项目,开展地面煤层气及地质钻机的组装制造与检修业务,提升地面钻机成套生产服务能力;充分利用智能煤机装备产业技术联盟平台优势,通过"产学研用"融合创新、全产业链上下协同、优质资源集聚共享,协同开展研发、采购、配套、服务、投资、销售等业务,合力降低产品成本、提高产品质量、开拓产品市场。工程机械:依托太重集团在大型矿用挖掘机和工程起重机方面的技术积淀和制造实力,在潇河产业园区全力建设智能液压挖掘机产业园,吸引产业链上游机电液零部件配套、入区建厂,集聚产业链优势资源,为产业链下游建设施工单位等用户提供低碳高端智能的"产品+服务"系统解决方案。风电装备:以太重集团为链主企业,举办产业链协同发展推进会,推动太重集团与大唐山西发电有限公司、中国华电集团有限公司等电力企业和山西昌能风电制造有限公司、江淮重工、双环重工等链上企业完成了11项产业链供需合作、2项招商引资协议的签订。发挥"政府+链主企业"联动发展合力,召开了太重集团忻州风电项目推进会,积极推动以项目建设承接产业发展,加快已批项目落地建设,确保项目及时并网运行;推进山西建设投资集团有限公司山西建筑产业现代化临汾园区一期项目、太重集团3.0兆瓦以上风电用变速箱生产线升级改造项目等重点项目建设,提高风电装备产业智能化水平。推动太重集团与上海拜安传感技术有限公司、山西省产业基金管理有限公司共同出资设立山西太重拜安传感技术有限公司,开发风电后端市场业务;支持太重集团与上海电气集团股份有限公司加强合作,设立合资公司,提高山西省整机制造水平。

要素配套逐步完善。全省上下要牢固树立"强省会首先强产业,强产业重点强工业,强工业聚焦强园区"的理念,着力完善园区基础设施,强化园区要素保障,夯实园区发展平台,切实把工业基础做牢、工业底盘做大、工业经济做强。紧盯用地、用能等核心支撑要素,加快推进水、电、路、气等要素配套建设,持续优化园区空间规划和产业布局,加快推进化工园区扩区申报工作,全力打造新型工业化优质空间载体。紧紧围绕国家、省、市政策导向,资金投向、支持方向,高标准、高质量谋划储备一批新项目、好项目、大项目,压紧压实责任,全力以赴"拼抢赶",项目化争取资金,助推项目加快建设,以高质量项目支撑高质量发展。

3. 坚持转型引领,智能绿色加快升级

智能化引领提质提速。山西省委、省政府高度重视智能制造发展,把智能制造作为推动制造业变革的切入点,将推进数字化转型、智能化升级贯穿始终。加快建链延链补链强链提链,构建智能制造产业发展生态,推动我省制造业向数字化、网络化、智能化迈进。山西省工业和信息化厅印发《山西省智能制造 2023 年行动计划》,引导和推动山西省工业和信息化领域智能转型。组织完成了两批次省级技术改造专项资金智能制造示范专项项目的评审工作,为智能制造发展提供了全方位、全过程的系统智力支持。

绿色化转型提标达标。山西省工业和信息化厅联合山西省发展和改革委员会和山西省生态环境厅印发《关于做好全省铸造产能公告和置换工作的通知》,全面开展全省铸造产能核定和置换事宜,基本完成了山西省铸造产能核定工作,共公告全省 942 家企业约 3 064 万吨产能,审核并公告山西诚荣装备制造有限公司、晋城市洛凯威业有限公司等 5 家企业的高端铸造置换项目,以高端、绿色、智能为发展目标,转型、创新、扩链、优态为驱动,助力高端铸造产业项目发展。

园区化建设筑实建强。在山西转型综改示范区争取创建 1 家国际合作园区,使其成为利用外资、转型升级、绿色发展、引领带动区域对外开放的示范区。围绕建设千亿级绿色特钢循环产业园,依托山西安泰集团股份有限公司(以下简称安泰集团)链主企业,全力引进特钢材料产业链下游深加工企业,安泰集团将与安徽富煌钢构股份有限公司、湖南铂固科技股份有限公司等 50 余家省内外企业,签约一批绿色建材、精品线材等高端装备制造项目,配套建设智能多式联运物流园,签约项目 52 个,计划总投资 408 亿元,进一步带动产业链链上企业发展壮大,促进上下游企业协同发展,实现产业向价值链中高端迈进。

4. 坚持标杆引领,先进集群有序聚集

产业链供应链高效协同。在提升产业链供应链现代化水平的过程中,不断推动大中小企业融通发展,通过加快科技创新、共享融通模式和优化发展环境等方式,推动大企业与中小企业共享生产要素,构建以龙头企业或关键环节主导企业牵头,联合产业链上下游、横向同类企业,以协同提高产业创新能力、供应链畅通能力、市场拓展能力等为目标的新型产业组织形态,实现大中小企业的融通发展、共同发展,充分发挥"工业云服务平台"优秀产品产需对接板块服务功能。

产业创新要素集聚融合。以打造省级市级特色专业镇为契机,通过创新引领、数字化赋能、专业化深耕、绿色化发展、精细化管理,不断优化产业链结构,提升产业链价值,助力企业拓应用、创品牌、占市场、促发展。截至 2023 年,山西省各类专业镇、产业集聚区共有 262 个,总产值 2 083 亿元,主要集中在制造业、特色轻工业和特优农业三大领域。2022 年,定襄县锻造总产量 120 万吨左右(年生产能力 140 万吨),完成产值 142 亿元,销售收入 139 亿元;法兰对外贸易出口 11.46 万吨,约占全国法兰出口量的 31.83%,出口总额完成 120 351 万元,约占全国法兰出口总额的 33.33%。太谷玛钢铸造产业是太谷区工业经济的支柱产业,2022 年太古规上工业总产值 144 亿元,玛钢铸造行业产值 66 亿元,占全区工业总产值的 45%。

产业培育机制持续完善。2022 年 9 月 14 日,山西省专业镇大会召开,定襄法兰、太谷玛钢专业镇成为首批省级重点专业镇。积极对接定襄县政府及专业镇企业,通过调研专业镇基本情况表、"一周一调度"信息报送表等信息,清单式实时调度专业镇情况,对专业镇所属山西天宝、山西恒跃锻造有限公司等6户企业进行智能制造全流程诊断,进行把脉问诊,助力法兰锻造企业智能化改造升级。

5. 坚持高端牵引,制造服务显著增值

全流程实现高端服务。围绕高端装备等重点产业,面向行业上下游开展集中采购、供应商管理库存、精益供应链等服务,加快新一代信息技术在创新全过程、产品全生命周期、业务全流程的渗透融合和集成应用。成立高端装备、传统装备、通用航空、产业数字化企业服务组,截至2022年,已累计入企135户,推进31个项目取得进展,涉及项目总投资约355亿元,为企业办实事30件。2022年,完成77户"两线两水平"企业改造。其中,传统企业23户迈过"生存线",10户达到"发展线";新兴企业86户迈过"行业平均水平",32户达到"行业标杆水平"。

全链条加速高端突破。聚焦高端装备制造领域,提升产业核心竞争力,加快经济结构调整和转型升级的步伐。通过引进国内外先进的科研成果和技术专利,加大推动技术创新和自主研发能力提升。加强与高校、科研院所等机构的研究合作,以中铁三局集团建筑安装工程有限公司为牵头单位,联合北京交通大学、太原理工大学完成山西省铁路桥梁智能制造技术创新项目;以长治凌燕机械厂为牵头单位,联合太原科技大学完成山西省新能源航空智能保障装备技术创新项目。探索产业链的延伸和拓展,加强与上下游企业的协同,形成产业集群效应,提高整体竞争力,为高端装备制造业提供良好的发展环境。

6. 坚持内引外联,央地融合快速发展

投资规模持续扩大。始终坚持内引外联的发展战略,积极引进外部资本、技术和人才,与中央企业密切合作,实现央地融合,在这一过程中充分发挥各自的优势,不断扩大投资规模,推动省内经济快速发展。截至2023年,山西省与中央企业的合作项目有8个,详见附表9。这些项目是央企和地方政府之间紧密合作的结果,展现出双方高效协作的优势。通过这些合作,山西各地区的经济发展得到了有力的推动,产业也呈现出繁荣的态势。双方共同努力,不仅实现了资源的优化配置和互利共赢,也为山西的可持续发展奠定了坚实的基础。

重点领域加速发力。在积极推动央地融合的同时,全省持续引深供给侧结构性改革,培育战略性新兴产业,加快推动新旧动能转换,实现经济增长方式的转变。充分发挥资源禀赋、地理区位、发展潜力等方面优势,以承接京津冀产业转移为重点,聚焦新材料、高端装备制造、半导体、现代医药等领域,进一步吸引央企及"民企500强"在晋投资。围绕先进装备制造业、未来产业、新一代信息技术等领域,举办山西省(粤港澳大湾区)招商引资推介对接会,加速构建区域融合发展新模式。

体制机制优化完善。充分发挥招商引资"龙头"作用,助力山西省培育打造十大重点产业链、做大做强特色专业镇,促进市场主体倍增、打造转型发展新引擎。采取"承诺制",实施开工前手续"零审批"。实现"一枚印章管审批","证照分离"全覆盖,智慧审批实现"秒报秒批",高频政务服务事项跨区域通办,"全程网办"不见面,全周期政务服务不断优化升级。

2.4 重大工程进展情况

通过开展招商引资行动计划,带动引领全省上下构建"大招商、招大商"工作格局,积极吸引上下游资源汇聚,持续补链延链强链,实现"一企带一链,一链成一片",在产业链培育和特色专业镇发展上取得更大突破。坚持围绕产业链部署创新链,用好产业链"链长制"、特色专业镇和开发区等抓手平台。2021—2022年,全省共调度推进装备制造业项目33个,项目总投资320.02亿元,截至2022年年底,累计完成投资188.85亿元,2023年计划投资131.17亿元。其中,以大同隆基1.5 GW单晶组件制造项目、山西金晟源年产1万吨一体化精密仪器机械生产加工项目、太重智能高端液压挖掘机产业项目、忻州智能装备制造产业园项目等为代表的一批装备制造业重点项目在2023年竣工投产,为山西省装备制造业发展奠定坚实基础。

2.4.1 新建重大装备制造项目

截至"十四五"中期,山西省共有27个新装备行业的重大项目完成签约,总投资额为247.9亿元。其中,2021年全年完成了23个重大项目的签约,且23个重大项目现已全部开工建设,累计完成投资109.9亿元,详见附表10;2022年完成了4个重大项目的签约,且4个重大项目均已开工建设,累计完成投资9.7亿元,详见附表11。

按总投资额看,在这27个重大项目中,总投资在10亿元以上(含10亿元)的重大项目有9个,分别为中航兰田搬迁改造专用汽车零部件生产基地项目、华翔年产15万吨精密零件和2亿件机加工件项目、太重智能高端液压挖掘机产业项目、太重退城入园智能高端装备生产线升级改造项目、山西华储光电5 GW高效光伏组件制造项目、山西华阳中来年产16 GW高效单晶电池智能工厂项目、山西英特丽EMS智能制造生产基地项目、山西诚荣年产20万吨精密铸件项目、永济市中辆新能源有轨电车总装基地项目;总投资额在5亿~10亿元(含5亿元)的重大项目有8个,分别为忻州智能装备制造产业园项目、盐湖区耐卡恩年产3 000台/套中央空调项目、运城经开区新建凹版印刷电子雕刻版辊及压纹版辊自动化智能制造生产线项目、金烨钢铁金属增材制造材料项目、雅生科技人工智能工业机器人及智能网联汽车研发生产项目、临汾经开区智能制造产业园汽车配件生产项目、晋元通5G智慧电力科技基地项目、运城经开区亚新科汽车零部件制造基地一期项目;总投资额在5亿元以下的重大项目有10个,分别为夏县广浙机械汽车零部件加工项目、高科华兴电子新建LED封装项目、晋能年产3 GW太阳能高效组件项目、广灵合晶精密机械制造与铸锻件项目、平陆新环精密年产3 000万件太阳能光伏设备产业化项目、山西金晟源年产1万吨一体化精密仪器机械生产加工项目、山西中兵铸造有色金属铸造基地项目、大同隆基1.5 GW单晶组件制造项目、夏县畅达科技交通设备制造项目、中国电科(山西)新型显示装备智能制造产业基地一期项目。新建重大装备制造项目的落地,进一步促进产业链、创新链和人才链的聚合,催生了产业发展的新动能,拓展了企业发展的新空间,迈出了装备制造高质量发展的新步伐。

按投资额完成度进展看,在这27个重大项目中,投资额完成度超过90%的重大项目有2个,分别为夏县畅达科技交通设备制造项目(94.4%)、高科华兴电子新建LED封装项目

(93.9%)。投资额完成度为50%～90%的重大项目有12个,分别为大同隆基1.5 GW单晶组件制造项目(85.7%)、山西华储光电5 GW高效光伏组件制造项目(82.3%)、中国电科(山西)新型显示装备智能制造产业基地一期项目(80.5%)、忻州智能装备制造产业园项目(76.3%)、山西金晟源年产1万吨一体化精密仪器机械生产加工项目(72.2%)、平陆新环精密年产3 000万件太阳能光伏设备产业化项目(62.7%)、广灵合晶精密机械制造与铸锻件项目(61.4%)、中航兰田搬迁改造专用汽车零部件生产基地项目(60.1%)、夏县广浙机械汽车零部件加工项目(59.8%)、晋能年产3GW太阳能高效组件项目(53.6%)、山西中兵铸造有色金属铸造基地项目(53.4%)、盐湖区耐卡恩年产3 000台/套中央空调项目(52.3%)。投资额完成度为50%以下的重大项目有13个,分别为山西英特丽EMS智能制造生产基地项目(47.4%)、雅生科技人工智能工业机器人及智能网联汽车研发生产项目(47.0%)、山西华阳中来年产16GW高效单晶电池智能工厂项目(44.8%)、临汾经开区智能制造产业园汽车配件生产项目(41.7%)、山西诚荣年产20万吨精密铸件项目(39.3%)、运城经开区新建凹版印刷电子雕刻版辊及压纹版辊自动化智能制造生产线项目(35.6%)、太重退城入园智能高端装备生产线升级改造项目(31.7%)、华翔年产15万吨精密零件和2亿件机加工件项目(31.4%)、运城经开区新建凹版印刷电子雕刻版辊及压纹版辊自动化智能制造生产线项目(28.3%)、晋元通5G智慧电力科技基地项目(27.0%)、永济市中辆新能源有轨电车总装基地项目(25.8%)、太重智能高端液压挖掘机产业项目(24.6%)、金烨钢铁金属增材制造材料项目(24.1%)。这就要求围绕项目落地开工建设投产等关键环节,创新"项目+要素"常态化服务模式,强化"1+N"项目全流程服务,充分发挥重大项目对产业发展的引领和示范作用。

　　按地域分布情况看,全省的装备制造业重点项目呈现由省会中心向外辐射的发展态势,与全省"一群两区三圈"的城乡区域发展新布局相契合。在上述27个重点项目中,在山西转型综合改革示范区(简称山西转型综改示范区)建设的项目共有5个,分别为中国电科(山西)新型显示装备智能制造产业基地一期项目、山西华阳中来年产16 GW高效单晶电池智能工厂项目、太重智能高端液压挖掘机产业项目、雅生科技人工智能工业机器人及智能网联汽车研发生产项目和太重退城入园智能高端装备生产线升级改造项目项目,这些项目依靠省会太原市的发展优势,发展势头良好。在临汾市经济开发区建设的项目共有4个,分别为临汾经开区智能制造产业园汽车配件生产项目、华翔年产15万吨精密零件和2亿件机加工件项目、山西诚荣年产20万吨精密铸件项目和晋元通5G智慧电力科技基地项目。在运城市建设的项目共有7个,分别为夏县畅达科技交通设备制造项目、平陆新环精密年产3 000万件太阳能光伏设备产业化项目、永济市中辆新能源有轨电车总装基地项目、盐湖区耐卡恩年产3 000台/套中央空调项目、运城经开区亚新科汽车零部件制造基地一期项目、夏县广浙机械汽车零部件加工项目和运城经开区新建凹版印刷电子雕刻版辊及压纹版辊自动化智能制造生产线项目。在大同市建设的项目共有3个,分别为大同隆基1.5 GW单晶组件制造项目、山西中兵铸造有色金属铸造基地项目和广灵合晶精密机械制造与铸锻件项目。在晋中市建设的项目共有2个,分别为中航兰田搬迁改造专用汽车零部件生产基地项目和雅生科技人工智能工业机器人及智能网联汽车研发生产项目。在忻州市经济技术开发区建设的项目共有2个,分别为山西金晟源年产1万吨一体化精密仪器机械生产加工项目和忻州智能装备制造产业园项目。在阳泉高新技术产业开发区建设的项目为山西华储光电

5GW 高效光伏组件制造项目。在晋城经济开发区建设的项目为山西英特丽 EMS 智能制造生产基地项目。在长治市建设的项目共有 2 个，分别为金烨钢铁金属增材制造材料项目和高科华兴电子新建 LED 封装项目。

2.4.2 工业技改升级重大装备制造项目

截至"十四五"中期，山西省共有 6 个关于工业技改升级的重大项目完成签约，总投资额为 69.6 亿元，截至 2022 年累计完成投资 54.3 亿元，详见附表 12。

按总投资额看，上述 6 个工业技改升级的重大项目中，总投资在 10 亿元以上的重大项目共有 3 个，分别为太钢中厚板生产线智能化升级改造项目、河津宏达钢铁装备升级节能提效智慧工厂项目和晋城富泰华第五代移动通信设备精密零组件智能化改造生产项目；总投资在 5 亿~10 亿元的重大项目共有 2 个，分别为太重 3.0 兆瓦以上风电用变速箱生产线升级改造项目和太重高端冶金矿山机械用变速箱生产线升级改造项目；总投资在 5 亿元以下的重大项目共有 1 个，为太钢不锈信息化升级改造一期项目。通过对装备制造行业生产线的工业技改升级改造，山西省装备制造工业化和信息化深度融合，综合实力和竞争能力显著增强。

从投资额完成度进展看，上述 6 个工业技改升级的重大项目中，投资额完成度超过 90%的重大项目有 3 个，分别为河津宏达钢铁装备升级节能提效智慧工厂项目(99.5%)、太钢不锈信息化升级改造一期项目(98.1%)、太钢中厚板生产线智能化升级改造项目(90.2%)，这 3 个项目进展良好，提前完成目标。投资额完成度为 50%~90%的重大项目有 1 个，为太重高端冶金矿山机械用变速箱生产线升级改造项目(67.9%)，对该项目建议稳步推进，尽快投产达效。投资额完成度在 50%以下的重大项目有 2 个，分别为太重 3.0 兆瓦以上风电用变速箱生产线升级改造项目(35.9%)和晋城富泰华第五代移动通信设备精密零组件智能化改造生产项目(35.2%)，对这 2 个项目建议做好入企服务，确保达到时序进度。总体看，工业技改升级的重大项目整体进展良好，预期可按进度完成目标。

按地域分布情况看，上述 6 个工业技改升级的重大项目中，在太原市建设的项目共有 4 个，分别为太钢中厚板生产线智能化升级改造项目、太重 3.0 兆瓦以上风电用变速箱生产线升级改造项目、太重高端冶金矿山机械用变速箱生产线升级改造项目和太钢不锈信息化升级改造一期项目；在运城市河津经济技术开发区建设的项目为河津宏达钢铁装备升级节能提效智慧工厂项目；在晋城市晋城经济技术开发区建设的项目为晋城富泰华第五代移动通信设备精密零组件智能化改造生产项目。

第3章 《规划》实施面临的主要问题和风险挑战

纵观国内国际形势,世界百年未有之大变局加速演进,新一轮科技革命和产业变革深入发展,大国科技和产业竞争日趋激烈,全球产业链加速重构,国内经济社会发展外部条件变化剧烈,山西省装备制造业高质量发展仍面临诸多风险挑战。

3.1 外部环境变化的影响分析

3.1.1 新科技革命加速演进带来竞争新挑战

由于国内外技术封锁和限制,国内及山西省内企业难以获得先进技术和关键零部件,对技术创新和产品研发造成一定影响。人工智能、5G、量子信息等事关未来国际竞争格局的前沿技术飞速融合发展,不断颠覆现有产业格局,新兴技术发展拓展技术应用的边界,加速推动全球产业链、创新链、供应链重组和重构,对山西省智能制造产业的发展形成巨大挑战。

3.1.2 全球经济衰退风险导致不确定性增加

国内外宏观经济形势的变化,使山西省内新装备制造业可能会面临市场需求不足、销售不畅等问题。我国工业化水平不断提升叠加经济发展的不确定性,导致装备制造业需求在一定程度上增速放缓甚至开始萎缩,增量市场空间收窄,国际金融市场的波动以及国内经济结构的调整等,对山西省内新装备制造业的出口和国内市场需求造成一定影响。国际经济和政治形势面临地缘政治风险、粮食和能源危机、债务危机、疫情冲击以及国际价值链供应链等风险叠加影响,全球产业链外移、关键零部件断供和技术约束强化,贸易保护主义和全球产业链重构,装备制造产业回归本土和产业的分散化、多元化和区域化特征日益明显。

3.1.3 消费偏好可移转性倒逼市场需求升级

国内外市场需求的不断变化,如消费者需求升级、绿色环保理念增强等,倒逼企业研发、生产和销售方式和模式的不断转型。产业格局调整、产能变化直接导致相关产品或服务市场需求波动,影响装备制造产品销售目标的实现。环保理念变化、替代供货商进入市场,以及上游产品与下游产品供需波动不同步或延迟,使得设备需求变化加速,产品供需结构失衡,装备制造市场波动,从而导致供需格局面临重塑。

3.2 当前存在的主要问题和不足

3.2.1 装备制造产业规模偏小

2022年,山西省工业营业收入为37 961.2亿元,制造业规上营业收入为17 372.2亿元,装备制造规上营业收入仅为3 907.1亿元,山西省装备制造规上营业收入占工业营业收入的10.29%。2022年山西营业收入占全国营业收入比重较2020年同比增长0.2%。装备制造产业仍以传统煤机装备为主,航空航天等战略新型产业处于起步阶段。

3.2.2 自主创新动力仍然不足

山西省装备制造产业自主研发和创新能力偏弱,企业研发人员少、研发投入不足;企业创新活力不足,2022年统计数据显示,山西省1 456家规上企业中,仅276家是装备制造业高新技术企业,占比仅为18.96%,与发达省份相比较低,企业名单详见附表13。已有的高新技术企业研发投入不足,影响后期发展。2021年晋能控股装备研发投入强度为1.7%、研发人员占比仅为3.45%,天地科技股份有限公司研发投入强度和研发人员占比分别为6.32%、16.34%,郑州煤矿机械集团股份有限公司研发投入强度和研发人员占比分别为4.94%、13.95%。

3.2.3 产业协同配套存在短板

缺乏对区域经济带动力强的龙头企业,配套企业数量少且布局分散。在煤层气勘探、抽采、储运、应用等产业链条的重要环节只有零星企业分布,煤层气装备制造业产业链条不完整,不能形成规模效应和上下游协同效应。山西省煤层气地面开采企业使用的钻机、泵、钻头、套管等设备均来源于山东、河南、河北等地,中石油、中海油等央企的设备耗材均来源于央企集团相关企业。

3.2.4 专业技术人才较为匮乏

受制于城市能级条件和区位条件,山西省对高端人才的吸引力相对较弱,专业技术人才匮乏。具体表现在:市场上缺少竞争意识和开拓精神的企业;山西省装备制造业人才队伍相对较少,需要加大人才引进和培养力度,特别是山西省装备制造业人才队伍结构不够合理,需要加强技术研发、生产制造、市场营销等方面的人才培养和引进;山西省装备制造业人才队伍素质与发达地区相比有待提高,同时,受经济环境和地理条件制约,本地人才结构性失衡与人才大量外流并存,现有人才很难留住。为此,需要加强创新创业服务体系建设,为人才提供更好的就业和创业环境;同时需要加强人才的技术研发能力和创新能力的培养,提高人才的综合素质和服务水平。

第4章 进一步推进《规划》实施的对策建议

"十四五"后期,山西省必须以构建装备制造现代化产业体系为中心,打造高端装备制造产业链和装备制造专业镇"双引擎",促进产业高端化、智能化、绿色化"三化"发展,开展装备工业稳增长、产业基础再造、重大技术攻关、重大项目建设四大工程,补短板弱项、锻长板优势,提升山西省装备制造业整体规模和核心竞争力。

4.1 聚焦布局优化,做大做强产业链和专业镇

优化产业布局。发挥政府统筹协调和引导作用,突出企业在产业发展路线选择中的主体地位及领军企业的示范带动作用,构建多点支撑、特色明显的山西装备制造产业体系。轨道交通产业重点做大电力机车、城轨车辆,加快推进高铁轮轴轮对等关键部件产业化规模化;智能煤机产业依托太原、晋城、临汾等地市,强化与领军企业深度合作,强化核心关键部件的研发创新,提升智能成套装备的集成率、市场占有率;铸锻造产业鼓励企业向"专、精、特、新"方向发展,引导产业集群化发展,进一步提质增效;通用航空产业重点发展先进航空材料、专用无人机、通航飞机及零部件制造产业;新能源装备产业持续深化产业链企业沟通协作,促进产业规模持续增长;机器人产业重点发展机器人专用智能传感器和仪器仪表,完善产业链条;工程机械产业重点发展高端液压挖掘机、工程起重机等产品,引导产业发展做大;船舶海工产业重点做强船用电机、电力推进系统等关键配套部件。

建强产业链条。以轨道交通、煤机装备、工程机械领域为重点方向,积极推进山西省高端装备制造产业链建设,加快突破产业基础能力的薄弱环节,增强产业链供应链的自主可控能力;加快提升产业链现代化水平,构建以龙头企业为牵引的"龙头企业+研发机构+配套企业+政府服务+开发区落地"产业创新生态圈;统筹推进补短板和锻长板,增强产业链韧性,在开放合作中形成更强创新力、更高附加值、更具竞争力的产业链。

打造特色专业镇。突出标准引领、示范带动,打造上下协同、集聚发展、技术领先的装备制造领域定襄法兰、太谷玛钢重点专业镇,实现"一镇带一方、一方促全盘"的集群发展;培育更多装备制造专业镇,鼓励专业镇打造拳头产品、创建国字号品牌,支持专业镇建立完善的现代物流、研发设计、质量检测、电子商务、人才培训、展览场馆、交易市场等公共服务平台;推进专业镇产业合理扩规提质,打造在全国乃至全球具有重要影响力的先进装备制造集群。

4.2 锚定产业转型,提高智能化和绿色化水平

实施产业高端转型工程。围绕国家和山西省"十四五"战略规划发展需要,以高端成套装备等领域重大需求与产业薄弱环节,展开战略布局与协同攻关;推动产学研用合作,逐步

提升核心基础零部件(元器件)、关键基础材料、先进基础工艺、产业技术基础、工业基础软件等技术创新能力;鼓励复杂装备产品智能化、复杂智能装备产品服务化、复杂智能装备产品服务生态化,提升企业盈利能力,全方位促进装备制造产业高端化发展。

实施智能制造升级工程。围绕山西省15个装备制造业细分行业,培育智能制造新模式推广应用;积极开展装备领域企业参与智能制造诊断服务工作,引导和支持系统解决方案供应商为企业制定智能化改造方案,针对企业生产管理薄弱环节提出优化建议;利用专项资金对装备制造智能工厂和数字化车间示范企业、标杆项目予以奖励支持,打造一批数字化生产线,推动装备制造业加速向数字化、网络化、智能化发展。

实施绿色低碳改造工程。加快推动装备制造企业的生产过程清洁化、能源利用高效低碳化,对绿色化升级改造成效显著的装备制造企业,积极推荐申报国家绿色示范工厂;鼓励建设绿色制造园区,推进铸造等单位能耗高的行业企业入驻;积极推广资源综合利用和再制造技术,大力实施节能设备技术改造,推进绿色设计和绿色工艺;大力发展高效节能装备,培育一批节能装备龙头企业,着力发展高效粉煤锅炉、循环流化床锅炉等高效节能产品,大力推动传统装备制造业绿色化改造。

4.3 注重市场培育,确保经营主体可持续发展

助力装备工业稳增长。实时调度装备制造细分领域发展状况,密切监测装备龙头企业及重点产品的市场态势和价格走势,深入分析全省装备工业经济运行情况。对苗头性、倾向性、潜在性问题,及时发现并开展协调;用好装备工业"白名单"沟通平台,深入开展入企服务,解决企业遇到的困难和存在的问题,做好装备工业稳增长工作。

加快经营企业大培育。按照"个转企、小升规、规改股、股上市"的梯次发展思路,大力培植和提升规模以上工业企业、上市企业、高新技术企业、外资企业、国有及国有控股企业、高成长创新型企业群体。按照"培育一批、股改一批、辅导一批、挂牌一批、上市一批"的工作思路,构建分阶段、多层次、全方位的培育服务体系,引导装备制造企业借力资本市场实现高质量发展。鼓励龙头企业加大本地核心零部件采购,加快推进核心零部件本地化替代。

催生制造服务新业态。以服务装备制造业高质量发展为导向,加强示范企业培育力度,加快服务型制造发展,促进装备制造业提质增效。以工业设计服务、定制化服务、共享制造、全生命周期管理、总集成总承包等模式为引领,加深两业融合,加速装备制造业服务型制造转型升级。以公共平台搭建为基础,积极利用工业互联网等新一代信息技术赋能新制造、催生新服务,健全服务型制造发展生态,实现装备制造业延链增值。

4.4 突出系统创新,激发装备制造发展新动能

全方位推动产业基础再造。围绕装备制造产业基础最为薄弱的环节,实施产业基础再造工程,鼓励企业开展关键基础材料、核心基础零部件、先进基础工艺、产业技术基础、基础工业软件等的攻关;积极推动开展企业政策宣讲会、协作交流促进会等,强化政府企业政策及需求互通、促进企业合作交流,引导产业协同发展;开展基础装备产业精益生产管理与智能制造研讨会,指导企业优化工艺水平、提高管理水平;鼓励企业加强可靠性设计、试验与验

证技术开发应用,提升装备产品稳定性、可靠性、适用性,延长使用寿命,提高质量水平。

多层面推动重大技术攻关。推进技术创新示范企业培育,鼓励国有企业带头科技创新,培育一批"单项冠军"和专精特新"小巨人"企业;配合工信部积极开展重点产业"揭榜挂帅"等活动,推动一批关键核心技术产品产业化应用;发挥省铸造协会以及轨道交通、智能煤机、通用航空产业技术联盟作用,鼓励相关组织开展创新活动,为企业生产和技术攻关提供体系完备、功能齐全、优质高效的服务。

系统化推动重大项目建设。储备实施30个以上装备制造重点项目,抓好日常调度和问题会商解决,推动项目早落地、早建设、早投产、早达效;充分发挥重大项目龙头带动作用,积极落实地方配套资金,全流程指导服务;鼓励企业与高校、科研院所联合承担国家及省级重大专项,促进重大专项创新成果孵化;积极支持科技成果产业化形成的新技术、新装备、新业态、新模式在山西率先落地应用。

4.5 坚持外引内联,构建区域一体化发展格局

高水平融入区域合作。不断优化营商环境,促进资金、技术、人才、管理等生产要素与相关国家地区的交流与合作,全面融入中部地区崛起、黄河流域生态保护和高质量发展、京津冀协同发展等重大区域发展战略,精准对接长三角、粤港澳等合作机会。紧抓"一带一路""区域全面经济伙伴关系"等发展机遇,积极融入国际国内"双循环"体系,深化与周边省份的合作,推动装备企业拓展外部市场,有效释放优质产能。

鼓励上下游联动发展。鼓励省内龙头企业发挥好带动作用,吸引产业链上下游企业入驻本地园区。深化山西各市县联动发展,引导各市县培育适合自身发展条件的特色装备制造产业,提升公共技术服务平台水平,做专、做精、做优配套服务。增强省内城际互联互通能力,打造资源共享、协同发展的装备产业高质量发展支撑体系。

建立综合性服务平台。组织全省龙头骨干企业、行业协会、科研院所,筹建装备制造产业联盟,对接政府、高校、科研院所、上下游企业等多种资源,推动产业集群化、特色化、链条化发展。建立"一站式"企业服务中心,通过整合政府及社会化服务资源,提升企业服务效能,推动全省中小企业快速成长。建设大中小企业融通发展平台载体及山西省配套装备产业的供应链体系。组织本地产业链供需对接,促进龙头企业与中小企业建立稳定合作关系。

4.6 强化政策支撑,筑实高质量发展要素保障

强化首台(套)政策支持。对于企业生产的且在首台(套)推广应用指导目录内的装备,政府按相应支付金额档位给予政策奖励;在首台(套)重大技术装备应用方面,采取装备先销售后奖补。加大对企业研发、生产、采购等方面的政策支持力度,鼓励企业加强整机设备及核心部件、控制系统、基础材料、软件系统等方面的技术创新和研发,为优势装备产品的市场推广提供有力保障。大力推动和积极支持企业参与关键共性技术研发平台、检测评定机构、首台(套)示范应用基地、示范应用联盟等建设,积极采用首台(套)产品。

筑实多层次要素保障。强化土地、资金等要素保障,支持研发平台建设、规上工业企业培育、企业技术改造、节能降耗、数字化转型、参与技术标准建设等工作。加强用地保障,预

留连片工业用地,推动项目落地即开工。鼓励各类基金支持和参与装备产业重点领域和关键环节投资,全面落实国家、省支持装备制造产业的相关政策,发挥各级财政专项资金和各类国有创投资金的引导作用。协调各类金融机构,为山西省装备制造企业提供贷款、贸易融资、投资、债券等综合融资服务;落实高端装备高新技术企业税收优惠、设备关键零部件进口免关税等优惠政策;通过创新产业电力交易机制,对符合条件的装备企业用户提供优惠终端电价,吸引全国装备企业集聚。

培育高素质产业人才。重点引进和集聚一批能够突破关键技术的领军人才,装备制造业创新创业人才(团队)和急缺紧缺人才,以及具有国际视野、通晓国际规则、能够参与国际竞争的国际化人才。全方位构建校企合作协同育人机制,推动省属高校、职业院校与企业无缝对接,定向为装备制造产业培养专业技术人才。聚焦产业发展之需,持续深化人才引育机制创新。健全人才发展服务体系,设立人才服务绿色通道,在创业投资、医疗保健、交通社保、子女入学、配偶就业等方面享受便捷高效服务,培育有保障、有温度的多元人才生态圈。

附 件

附表1 省级企业技术中心名单（装备）

序号	企业技术中心名称	所在地市
2016年新增		
1	太原重工轨道交通设备有限公司技术中心	太原市
2	智奇铁路设备有限公司技术中心	太原市
3	陕汽大同专用汽车有限公司技术中心	大同市
4	晋中车亿机械有限公司技术中心	晋中市
5	山西成功汽车制造有限公司技术中心	长治市
6	长治市华光半导体科技有限公司技术中心	长治市
7	晋城市兴达铸件有限公司技术中心	晋城市
8	侯马市东鑫机械铸造有限公司技术中心	临汾市
2018年新增		
1	太原矿机电气科技有限公司技术中心	太原市
2	山西天地煤机装备有限公司技术中心	太原市
3	太重煤机有限公司技术中心	太原市
4	恒岳重工有限责任公司技术中心	大同市
5	山西双环重工集团有限公司技术中心	忻州市
6	山西紫金矿业有限公司技术中心	忻州市
7	泽州县金秋铸造有限责任公司技术中心	晋城市
8	孝义市东义镁业有限公司技术中心	吕梁市
9	山西阳煤千军汽车部件有限责任公司技术中心	运城市
10	山西豪钢锻造股份有限公司技术中心	运城市
2019年新增		
1	太原市康镁科技发展有限公司技术中心	太原市

附 件

附表 1(续)

序号	企业技术中心名称	所在地市
2	山西中航锦恒科技有限公司技术中心	太原市
3	山西宝龙达锻造股份有限公司技术中心	忻州市
4	山西昊坤法兰集团有限公司技术中心	忻州市
5	山西恒跃锻造有限公司技术中心	忻州市
6	中钢不锈钢管业科技山西有限公司技术中心	晋中市
7	山西宇通碳素有限公司技术中心	晋中市
8	山西高科华瑞电子科技有限公司技术中心	长治市
9	襄垣县仁达机电设备有限公司技术中心	长治市
10	山西际安电气有限公司技术中心	长治市
11	山西汉通鑫宇科技股份有限公司技术中心	晋城市
12	山西立恒钢铁集团股份有限公司技术中心	临汾市
13	中信机电制造公司科研设计院技术中心	临汾市
14	中铝集团山西交口兴华科技股份有限公司技术中心	吕梁市
2020 年新增		
1	山西太钢不锈钢精密带钢有限公司技术中心	太原市
2	山西银河电子设备厂技术中心	太原市
3	山西中煤四达机电设备有限公司技术中心	朔州市
4	山西东昌实业有限公司技术中心	忻州市
5	太重集团榆次液压工业有限公司技术中心	晋中市
6	山西省平遥减速器有限责任公司技术中心	晋中市
7	山西潞安安易电气有限公司技术中心	长治市
8	晋城富泰华精密电子有限公司技术中心	晋城市
9	山西复晟铝业有限公司技术中心	运城市
10	山西中设华晋铸造有限公司技术中心	运城市
11	山西中条山机电设备有限公司技术中心	运城市
12	永济电机天作电气有限责任公司技术中心	运城市
2021 年新增		
1	大同高镁科技有限公司技术中心	大同市

附表1(续)

序号	企业技术中心名称	所在地市
2	五台云海镁业有限公司技术中心	忻州市
3	山西富兴通重型环锻件有限公司技术中心	忻州市
4	长治凌燕机械厂技术中心	长治市
5	山西晋南钢铁集团有限公司技术中心	临汾市
6	山西建邦集团铸造有限公司技术中心	临汾市
7	山西华德冶铸有限公司技术中心	临汾市
8	山西华强钢铁有限公司技术中心	临汾市
9	亚新科国际铸造(山西)有限公司技术中心	运城市
2022年新增		
1	太原重工股份有限公司技术中心	太原市
2	太原中车时代轨道工程机械有限公司技术中心	太原市
3	太原四联重工股份有限公司技术中心	太原市
4	山西诺浩机电工程有限公司技术中心	朔州市
5	山西环冠重工集团有限公司技术中心	忻州市
6	山西新世纪锻造股份有限公司技术中心	忻州市
7	山西管家营法兰锻造集团有限公司技术中心	忻州市
8	山西众立法兰有限公司技术中心	忻州市
9	山西晨辉锻压设备制造股份有限公司技术中心	忻州市
10	山西斯普瑞机械制造股份有限公司技术中心	晋中市
11	晋城市金工铸业有限公司技术中心	晋城市
12	山西新环精密制造股份有限公司技术中心	运城市

附表2 2022年国家级企业技术中心(装备)

序号	企业名称	企业技术中心名称	地区
1	山西航天清华装备有限责任公司	山西航天清华装备有限责任公司技术中心	山西省
2	山西天地煤机装备有限公司	山西天地煤机装备有限公司技术中心	山西省

附 件

附表3 省技术创新中心名单（装备）

序号	名称	依托单位	合作单位	项目负责人
\multicolumn{5}{c}{2021年新增省技术创新中心}				
1	公路路面施工省技术创新中心	中铁三局集团第五工程有限公司	—	樊立志
2	高端精密刀具系统省技术创新中心	太原工具厂有限责任公司	—	梁国星
3	山西省人防防化技术创新中心	山西新华防化装备研究院有限公司	—	王林狮
4	航空载运装备省技术创新中心	山西汾西重工有限责任公司	—	张涛
5	高效线边物流系统及其装备省技术创新中心	太原福莱瑞达物流设备科技有限公司	—	孙晓霞
6	矿山特种机器人省技术创新中心	山西科达自控股份有限公司	—	高波
7	传统建筑智慧建造技术创新中心	山西一建集团有限公司	—	刘晖
8	山西省装配式钢结构技术创新中心	山西四建集团有限公司	—	庄利军
9	绿色建材与建筑节能省技术创新中心	山西省建筑科学研究院有限公司	—	赵炎龙
\multicolumn{5}{c}{2022年新增省技术创新中心}				
1	山西省电力机车部件再制造技术创新中心	中车太原机车车辆有限公司	—	郁慧东
2	山西省公路养护技术创新中心	山西省交通新技术发展有限公司	山西省交通科技研发有限公司、山西省交通规划勘察设计院有限公司	武胜兵
3	山西省煤炭储运装备技术创新中心	山西东昌实业有限公司	太原科技大学	姚峰林
4	山西省铁路桥梁智能制造技术创新中心	中铁三局集团建筑安装工程有限公司	北京交通大学、太原理工大学	王志强
5	山西省铁路专用线运维技术创新中心	中铁三局集团有限公司	中北大学	郜建忠
6	山西省MEMS制造技术与应用研究技术创新中心	淮海工业集团有限公司	—	张伟
7	山西省新能源航空智能保障装备技术创新中心	长治凌燕机械厂	太原科技大学	孔屹刚

附表3(续)

序号	名称	依托单位	合作单位	项目负责人
8	山西省智能辐射探测装备技术创新中心	山西中辐核仪器有限责任公司	中北大学、太原科技大学	杜向阳
9	山西省重型机械电液控制及健康管理技术创新中心	山西平阳重工机械有限责任公司	太原科技大学	王爱红
2023年新增省技术创新中心				
1	山西省内燃机高增压技术创新中心	北方天力增压技术有限公司、中北大学	—	刘毅

附表4 省级以上重点实验室(装备)

序号	级别	项目名称	依托单位	合作单位
2021年省级以上重点实验室				
1	省级	重载装备作业智能化技术与系统山西省重点实验室	太原科技大学	太重煤机有限公司
2	省级	恶劣环境下机器人与智能装备技术山西省重点实验室	中北大学	西安交通大学、中国船舶重工集团公司第七一三研究所
3	省级	新能源汽车集成与节能山西省重点实验室	大运汽车股份有限公司	太原理工大学
2022年省级以上重点实验室				
1	省级	高端装备可靠性技术山西省重点实验室	中北大学	山西惠丰特种汽车有限公司
2	省级	铁路货车转向架系统山西省重点实验室	晋西车轴股份有限公司	太原科技大学、晋西装备制造有限责任公司、晋西铁路车辆有限责任公司
3	省级	数字化设计与制造山西省重点实验室	山西汾西重工有限责任公司	中北大学
4	国家级	智能采矿装备技术全国重点实验室	太原重型机械集团有限公司	中国矿业大学、太原理工大学
5	国家级	金属成形技术与重型装备全国重点实验室	中国重型机械研究院股份有限公司	西安交通大学、太原理工大学、北京航星机器制造有限公司

附表5 省级工程研究中心(装备)

序号	工程研究中心名称	主要依托单位
2018年省级工程研究中心		
1	山西省玻璃器皿工艺装备工程研究中心	—

附 件

附表 5(续)

序号	项目名称	主要依托单位
2019 年省级工程研究中心		
1	山西省重载装备作业智能化与机器人系统工程研究中心	太原科技大学
2020 年省级工程研究中心		
1	山西省先进金属智能精确制造工程研究中心	中北大学
2	山西省煤矿智能装备工程研究中心	太原理工大学
3	山西省重大装备液压基础元件及智能制造工程研究中心	太原科技大学
2021 年省级工程研究中心		
1	山西省精密测量与在线检测装备工程研究中心	太原科技大学
2	山西省高端装备健康管理工程研究中心	中北大学
3	山西省风力发电机工程研究中心	山西汾西重工有限责任公司
4	山西省航空地面保障技术与装备工程研究中心	山西支点科技有限公司
5	山西省高精密铜带箔智能制造工程研究中心	太原晋西春雷铜业有限公司
2022 年省级工程研究中心		
1	山西省直升机智能制造关键技术工程研究中心	太原工业学院

附表 6　2022 年山西省重点行业重大关键共性技术导向目录(装备)

序号	关键共性技术名称	领域
1	重卡商用车 AMT 自动变速器控制系统	新装备
2	机车数据挖掘利用及价值创造体系研究	新装备
3	20T 全电控挖掘机用高压柱塞泵、多路阀关键技术研究	新装备
4	转杯纺及涡流纺技术	新装备
5	MiniLED 外延片及芯片优化升级技术研发	新装备
6	薄壁复杂壳体壁厚制造精度提升技术	新装备
7	无人智能驾驶平台 2.0 研发项目	新装备
8	电机系统节能技术研究	新装备
9	多驱动搬运机器人运行轨迹规划算法	新装备
10	热轧钛合金无缝管在线热处理技术项目	新装备
11	大功率增程式混合动力系统研究	新装备
12	超高速真空管道列车车体密封/降噪/磁屏蔽一体化智能化结构设计技术研究	新装备

附表6（续）

序号	关键共性技术名称	领域
13	大长径比铝合金薄壁壳体机加工艺研究	新装备
14	煤矿井下辅助运输车辆无人驾驶智能控制系统	新装备
15	铁路重载移动装备智能化运维及操控和行车组织优化	新装备
16	直流电力机车空气制动系统管路适应性改造技术研究	新装备
17	基于高可靠性服役条件的大直径复杂结构机车轮关键技术研究	新装备
18	大扭矩及大功率刮板机用永磁电机驱动系统关键技术研究	新装备
19	基于时间敏感网络的列车网络控制技术研究	新装备
20	海洋工程用铸钢节点强韧化机理研究	新装备
21	复杂青铜艺术品自动化负压反重力铸造技术	新装备
22	防锈铝筒体纵环焊缝单面搅拌摩擦焊工艺技术研究	新装备
23	数码电子雷管自动化装配生产线工艺技术及装备	新装备
24	多目标数字相控阵遥测接收技术	新装备
25	云-边-端融合智能制造技术	新装备
26	碳纤维石墨软毡高温连续纯化装备	新装备
27	矿山行业一体化5G微系统	新装备
28	半导体显示背光模组关键工艺技术及应用	新装备
29	强振动激励环境下截割减速器的状态监测和故障诊断方法研究	新装备
30	基于多学科/多目标协同的四/五座多用途飞机总体设计与气动优化技术	新装备
31	车轴复杂结构表面数控冷滚压技术	新装备
32	长寿命、高可靠性车轮材质开发研究	新装备

附表7　2023年山西省省级企业技术中心名单

序号	技术中心所在企业名称	地市
1	中国船舶集团汾西重工有限责任公司	太原
2	太原锅炉集团有限公司	太原
3	山西四建集团有限公司	太原
4	中铁十二局集团第二工程有限公司	太原
5	山西八建集团有限公司	太原
6	山西百澳幕墙装饰有限公司	太原

附表 7（续）

序号	技术中心所在企业名称	地市
7	西山煤电（集团）有限责任公司	太原
8	太原晋西春雷铜业有限公司	太原
9	山西紫林醋业股份有限公司	太原
10	太原智林信息技术股份有限公司	太原
11	山西煤矿机械制造股份有限公司	太原
12	山西电机制造有限公司	太原
13	太原市京丰铁路电务器材制造有限公司	太原
14	太原磐泓机电设备有限公司	太原
15	山西百一机械设备制造有限公司	太原
16	太原市恒山机电设备有限公司	太原
17	山西三强新能源科技有限公司	太原
18	风神轮胎（太原）有限公司	太原
19	山西禄纬堡太钢耐火材料有限公司	太原
20	中铁城建集团第一工程有限公司	太原
21	山西五建集团有限公司	太原
22	山西省宏图建设集团有限公司	太原
23	山西二建集团有限公司	太原
24	山西机械化建设集团有限公司	太原
25	中铁三局集团建筑安装工程有限公司	太原
26	山西一建集团有限公司	太原
27	山西六建集团有限公司	太原
28	中铁十二局集团第三工程有限公司	太原
29	中铁十二局集团建筑安装工程有限公司	太原
30	昌陆建筑工程集团有限公司	太原
31	中铁十七局集团第五工程有限公司	太原
32	中国能源建设集团山西电力建设有限公司	太原
33	中铁六局集团太原铁路建设有限公司	太原

附表 7（续）

序号	技术中心所在企业名称	地市
34	太原市第一建筑工程集团有限公司	太原
35	中铁三局集团第三工程有限公司	太原
36	山西省水利建筑工程局集团有限公司	太原
37	太原建工集团有限公司	太原
38	国基建设集团有限公司	太原
39	山西路桥第一工程有限公司	太原
40	中色十二冶金建设有限公司	太原
41	山煤国际能源集团股份有限公司	太原
42	太原市三高能源发展有限公司	太原
43	山西水塔醋业股份有限公司	太原
44	太原六味斋实业有限公司	太原
45	太原双合成食品有限公司	太原
46	山西老陈醋集团有限公司	太原
47	太原市金大豆食品有限公司	太原
48	太原市康镁科技发展有限公司	太原
49	山西华豹新材料有限公司	太原
50	山西昊业新材料开发有限公司	太原
51	山西太原药业有限公司	太原
52	太原有线电视网络有限公司	太原
53	山西大众电子信息产业集团有限公司	太原
54	晋能控股电力集团有限公司	太原
55	山西支点科技有限公司	太原
56	华远国际陆港集团有限公司	太原
57	上海电气集团国控环球工程有限公司	太原
58	山西立业制药有限公司	太原
59	国恒建设集团有限公司	太原
60	山西金山磁材有限公司	太原
61	山西云时代技术有限公司	太原

附表 7(续)

序号	技术中心所在企业名称	地市
62	太原重工股份有限公司	太原
63	山西省信息产业技术研究院有限公司	太原
64	太原中车时代轨道工程机械有限公司	太原
65	中国铁建电气化局集团第二工程有限公司	太原
66	山西北方兴安化学工业有限公司	太原
67	山西江阳化工有限公司	太原
68	山西和仁堂中药饮片有限责任公司	太原
69	喜跃发国际环保新材料股份有限公司	太原
70	山西合力创新科技股份有限公司	太原(综改区)
71	山西戴德测控技术股份有限公司	太原(综改区)
72	山西风行测控股份有限公司	太原(综改区)
73	山西中涂交通科技股份有限公司	太原(综改区)
74	山西臣功新能源科技有限公司	太原(综改区)
75	太原金域临床检验所有限公司	太原(综改区)
76	智奇铁路设备有限公司	太原(综改区)
77	太原重工轨道交通设备有限公司	太原(综改区)
78	山西阳煤化工机械(集团)有限公司	太原(综改区)
79	山西科达自控股份有限公司	太原(综改区)
80	晋西车轴股份有限公司	太原(综改区)
81	山西省安装集团股份有限公司	太原(综改区)
82	山西路桥建设集团有限公司	太原(综改区)
83	山西锦波生物医药股份有限公司	太原(综改区)
84	山西嘉世达机器人技术有限公司	太原(综改区)
85	山西清众科技股份有限公司	太原(综改区)
86	中电科风华信息装备股份有限公司	太原(综改区)
87	太重集团向明智能装备股份有限公司	太原(综改区)
88	太重煤机有限公司	太原(综改区)

附表 7（续）

序号	技术中心所在企业名称	地市
89	山西银河电子设备厂	太原（综改区）
90	山西万立科技有限公司	太原（综改区）
91	山西长达交通设施有限公司	太原（综改区）
92	太原矿机电气科技有限公司	太原（综改区）
93	山西中航锦恒科技有限公司	太原（综改区）
94	太原矿机电气股份有限公司	太原（综改区）
95	山西维达传动科技有限公司	太原（综改区）
96	江铃重型汽车有限公司	太原（综改区）
97	山西中电科技特种装备有限公司	太原（综改区）
98	中绿环保科技股份有限公司	太原（综改区）
99	太原罗克佳华工业有限公司	太原（综改区）
100	山西中电科新能源技术有限公司	太原（综改区）
101	长河信息股份有限公司	太原（综改区）
102	山西虹安科技股份有限公司	太原（综改区）
103	圣点世纪科技股份有限公司	太原（综改区）
104	精英数智科技股份有限公司	太原（综改区）
105	山西智杰软件工程有限公司	太原（综改区）
106	山西阳光三极科技股份有限公司	太原（综改区）
107	太原理工天成电子信息技术有限公司	太原（综改区）
108	联想中天科技有限公司	太原（综改区）
109	山西科泰航天防务技术股份有限公司	太原（综改区）
110	山西泰森科技股份有限公司	太原（综改区）
111	山西百得科技开发股份有限公司	太原（综改区）
112	中网华信科技股份有限公司	太原（综改区）
113	山西易联众信息技术有限公司	太原（综改区）
114	中科同昌信息技术集团有限公司	太原（综改区）
115	山西四和交通工程有限责任公司	太原（综改区）
116	山西合创电力科技有限公司	太原（综改区）

附件

附表7(续)

序号	技术中心所在企业名称	地市
117	山西精华科工贸有限公司	太原(综改区)
118	山西高科耐火材料股份有限公司	太原(综改区)
119	中铁十七局集团电气化工程有限公司	太原(综改区)
120	中铁十七局集团建筑工程有限公司	太原(综改区)
121	盛玖建设集团有限公司	太原(综改区)
122	太原煤炭气化(集团)有限责任公司	太原(综改区)
123	青岛啤酒(太原)有限公司	太原(综改区)
124	山西青科恒安矿业新材料有限公司	太原(综改区)
125	山西汇镪磁性材料制作有限公司	太原(综改区)
126	山西太钢不锈钢精密带钢有限公司	太原(综改区)
127	山西华元医药集团有限公司	太原(综改区)
128	国药集团山西瑞福莱药业有限公司	太原(综改区)
129	山西千汇药业有限公司	太原(综改区)
130	山西同方知网数字出版技术有限公司	太原(综改区)
131	山西新富升机器制造有限公司	太原(综改区)
132	山西潇河建筑产业有限公司	太原(综改区)
133	亚宝药业太原制药有限公司	太原(综改区)
134	太原向明智控科技有限公司	太原(综改区)
135	山西新和实业有限公司	太原(综改区)
136	太原福莱瑞达物流设备科技有限公司	太原(综改区)
137	百信信息技术有限公司	太原(综改区)
138	太原四联重工股份有限公司	太原(综改区)
139	大同新成新材料股份有限公司	大同
140	中国重汽集团大同齿轮有限公司	大同
141	唯实重工股份有限公司	大同
142	恒岳重工有限责任公司	大同
143	陕汽大同专用汽车有限公司	大同
144	山纳合成橡胶有限责任公司	大同

附表7（续）

序号	技术中心所在企业名称	地市
145	广灵金隅水泥有限公司	大同
146	大同冀东水泥有限责任公司	大同
147	大同泰瑞集团建设有限公司	大同
148	山西晋能集团大同能源发展有限公司	大同
149	山西华青环保股份有限公司	大同
150	大同宇林德石墨新材料股份有限公司	大同
151	山西同达药业有限公司	大同
152	广盛原中医药有限公司	大同
153	山西普德药业有限公司	大同
154	大同同星抗生素有限责任公司	大同
155	山西振东泰盛制药有限公司	大同
156	山西双雁药业有限公司	大同
157	大同高镁科技有限公司	大同
158	山西润生大业生物材料有限公司	大同
159	大同北方天力增压技术有限公司	大同
160	山西国润制药有限公司	大同
161	山西威奇达光明制药有限公司	大同
162	晋控电力塔山发电山西有限公司	大同
163	山西古城乳业集团有限公司	朔州
164	山西中煤四达机电设备有限公司	朔州
165	中煤平朔集团有限公司	朔州
166	山西平朔煤矸石发电有限责任公司	朔州
167	中煤集团山西华昱能源有限公司	朔州
168	应县优尊陶瓷有限责任公司	朔州
169	怀仁玉珑瓷业有限责任公司	朔州
170	山西雅士利乳业有限公司	朔州

附表 7（续）

序号	技术中心所在企业名称	地市
171	山西三元炭素有限责任公司	朔州
172	山西玉竹活性石灰制造有限公司	朔州
173	山西晋坤矿产品股份有限公司	朔州
174	山西华元医药生物技术有限公司	朔州
175	山西诺成制药有限公司	朔州
176	怀仁市金沙滩羔羊肉业股份有限公司	朔州
177	山西中大生物科技有限责任公司	朔州
178	山西诺浩机电工程有限公司	朔州
179	山西全盛化工有限责任公司	朔州
180	山西玉龙化工有限公司	朔州
181	山西同德化工股份有限公司	忻州
182	山西东昌实业有限公司	忻州
183	山西泰宝科技有限公司	忻州
184	山西佳诚液压有限公司	忻州
185	山西昊坤法兰股份有限公司	忻州
186	阳煤忻州通用机械有限责任公司	忻州
187	山西双环重工集团有限公司	忻州
188	原平市兴胜机械制造有限公司	忻州
189	山西恒跃锻造有限公司	忻州
190	山西金瑞高压环件有限公司	忻州
191	山西天宝集团有限公司	忻州
192	山西冠力法兰股份有限公司	忻州
193	山西宝龙达锻造股份有限公司	忻州
194	原平盛大实业有限公司	忻州
195	山西振钢生物科技股份有限公司	忻州
196	偏关县晋电化工有限责任公司	忻州
197	山西奥博能源电力有限公司	忻州
198	山西省山地阳光食品有限公司	忻州

附表 7（续）

序号	技术中心所在企业名称	地市
199	山西金宇科林科技有限公司	忻州
200	忻州市三源煤矿机械有限公司	忻州
201	山西德奥电梯股份有限公司	忻州
202	国家电投集团山西铝业有限公司	忻州
203	山西忻州神达能源集团有限公司	忻州
204	五台云海镁业有限公司	忻州
205	山西富兴通重型环锻件有限公司	忻州
206	忻州市鑫宇煤炭气化有限公司	忻州
207	霍州煤电集团晋北煤业有限公司	忻州
208	山西同德爆破工程有限责任公司	忻州
209	山西蓝天环保设备有限公司	忻州
210	山西环冠重工集团有限公司	忻州
211	山西新世纪锻造股份有限公司	忻州
212	山西管家营法兰锻造股份有限公司	忻州
213	山西众立法兰有限公司	忻州
214	山西新石能源科技有限公司	忻州
215	山西晨辉锻压设备制造股份有限公司	忻州
216	山西忻州神达晋保煤业有限公司	忻州
217	晋能清洁能源科技股份公司	吕梁
218	山西离石电缆有限公司	吕梁
219	孝义市兴安化工有限公司	吕梁
220	山西信发化工有限公司	吕梁
221	山西金兰化工股份有限公司	吕梁
222	山西瑞赛科环保科技有限公司	吕梁
223	金晖兆隆高新科技股份有限公司	吕梁
224	山西盛达威科技有限公司	吕梁
225	山西东义煤电铝集团煤化工有限公司	吕梁
226	山西鹏飞焦化绿色发展有限公司	吕梁

附表 7(续)

序号	技术中心所在企业名称	地市
227	山西大象农牧集团有限公司	吕梁
228	山西汾阳王酒业有限责任公司	吕梁
229	山西牧标牛业股份有限公司	吕梁
230	山西欧莱特农业科技有限公司	吕梁
231	中铝集团山西交口兴华科技股份有限公司	吕梁
232	交城义望铁合金有限责任公司	吕梁
233	孝义市东义镁业有限公司	吕梁
234	山西中阳钢铁有限公司	吕梁
235	山西新天源药业有限公司	吕梁
236	山西益鑫泰生物科技有限公司	吕梁
237	山西华鑫肥业股份有限公司	吕梁
238	山西利虎玻璃(集团)有限公司	吕梁
239	山西中磁尚善科技有限公司	吕梁
240	山西中铝华润有限公司	吕梁
241	柳林县森泽煤铝有限责任公司	吕梁
242	吕梁建龙实业有限公司	吕梁
243	山西康欣药业有限公司	吕梁
244	太钢集团岚县矿业有限公司	吕梁
245	山西金达煤化工科技有限公司	吕梁
246	山西广华源药用包装有限公司	晋中
247	太重集团榆次液压工业有限公司	晋中
248	山西榆次远大线材制品有限公司	晋中
249	山西省平遥减速器有限责任公司	晋中
250	中纲不锈钢管业科技山西有限公司	晋中
251	晋能光伏技术有限责任公司	晋中
252	卡耐夫集团(山西)管道系统有限公司	晋中
253	中铁三局集团第五工程有限公司	晋中
254	中铁三局集团第六工程有限公司	晋中

附表 7（续）

序号	技术中心所在企业名称	地市
255	中铁三局集团电务工程有限公司	晋中
256	山西强伟纸业有限公司	晋中
257	山西大华玻璃实业有限公司	晋中
258	祁县红海玻璃有限公司	晋中
259	山西省平遥牛肉集团有限公司	晋中
260	山西海玉园食品有限公司	晋中
261	山西凝固力新型材料股份有限公司	晋中
262	山西丹源新材料科技股份有限公司	晋中
263	山西宇皓新型光学材料有限公司	晋中
264	山西银圣科技有限公司	晋中
265	山西宇通碳素有限公司	晋中
266	山西安泰控股集团有限公司	晋中
267	山西德元堂药业有限公司	晋中
268	山西振东安欣生物制药有限公司	晋中
269	山西华卫药业有限公司	晋中
270	山西广誉远国药有限公司	晋中
271	经纬智能纺织机械有限公司	晋中
272	山西太谷明兴碳素玛钢有限公司	晋中
273	山西灵石亨泰荣和金属压铸件有限公司	晋中
274	山西利民工业有限责任公司	晋中
275	山西斯普瑞机械制造股份有限公司	晋中
276	山西路桥第六工程有限公司	晋中
277	山西广生胶囊有限公司	晋中
278	山西新元煤炭有限责任公司	晋中
279	山西晋阳碳素有限公司	晋中
280	诚杰建设集团有限公司	晋中
281	阳泉煤业集团华越机械有限公司奥伦胶带分公司	阳泉
282	阳泉煤业集团华越机械有限公司	阳泉

附件

附表 7（续）

序号	技术中心所在企业名称	地市
283	阳泉阀门股份有限公司	阳泉
284	阳煤集团山西吉天利科技有限公司	阳泉
285	山西宏厦第一建设有限责任公司	阳泉
286	山西河坡发电有限责任公司	阳泉
287	山西贝特瑞新能源科技有限公司	阳泉
288	山西华鑫电气有限公司	阳泉
289	山西太行建设开发有限公司	阳泉
290	山西宏厦建筑工程有限公司	阳泉
291	山西宏厦建筑工程第三有限公司	阳泉
292	阳泉冀东水泥有限责任公司	阳泉
293	山西北方晋东化工有限公司	阳泉
294	阳泉市建设集团有限责任公司	阳泉
295	山西兆丰铝电有限责任公司	阳泉
296	山西丛鑫液压科技集团有限公司	阳泉
297	阳泉金隅通达高温材料有限公司	阳泉
298	淮海工业集团有限公司	长治
299	山西潞宝集团	长治
300	山西壶化集团股份有限公司	长治
301	山西东盛建设工程有限公司	长治
302	山西康宝生物制品股份有限公司	长治
303	首钢长治钢铁有限公司	长治
304	山西潞安太阳能科技有限责任公司	长治
305	山西省山力铂纳橡胶机带有限公司	长治
306	山西际安电气有限公司	长治
307	山西潞安安易电气有限公司	长治
308	山西成功汽车制造有限公司	长治
309	山西易通环能科技集团有限公司	长治

附表 7（续）

序号	技术中心所在企业名称	地市
310	澳瑞特体育产业股份有限公司	长治
311	山西高科华杰光电科技有限公司	长治
312	山西日盛达太阳能科技股份有限公司	长治
313	山西高科华兴电子科技有限公司	长治
314	襄垣县仁达机电设备有限公司	长治
315	长治市霍家工业有限公司	长治
316	山西潞安太行润滑科技股份有限公司	长治
317	山西卓越水泥有限公司	长治
318	山西三建集团有限公司	长治
319	山西潞安工程有限公司	长治
320	山西沁新能源集团股份有限公司	长治
321	山西襄矿集团有限公司	长治
322	山西沁州黄小米(集团)有限公司	长治
323	山西长清生物科技有限公司	长治
324	山西太行药业股份有限公司	长治
325	山西振东道地药材开发有限公司	长治
326	长治市三宝生化药业有限公司	长治
327	山西凤凰胶带有限公司	长治
328	长治高测新材料科技有限公司	长治
329	长治凌燕机械厂	长治
330	山西中德塑钢型材有限责任公司	长治
331	山西壶化集团金星化工有限公司	长治
332	山西太岳磨料有限公司	长治
333	山西通洲煤焦集团股份有限公司	长治
334	山西昌灏环保科技股份有限公司	长治
335	山西潞安晋安矿业工程有限责任公司	长治
336	山西晋煤集团赵庄煤业有限责任公司	长治

附表 7(续)

序号	技术中心所在企业名称	地市
337	富联科技(晋城)有限公司	晋城
338	山西天巨重工机械有限公司	晋城
339	山西江淮重工有限责任公司	晋城
340	山西清慧机械制造有限公司	晋城
341	山西泫氏实业集团有限公司	晋城
342	晋城富联鸿刃科技有限公司	晋城
343	山西大通铸业有限公司	晋城
344	山西金秋铸造有限公司	晋城
345	山西汉通鑫宇科技股份有限公司	晋城
346	高平市泫氏铸管有限公司	晋城
347	山西天泽煤化工集团股份公司	晋城
348	晋城天成科创股份有限公司	晋城
349	山西兰花科技创业股份有限公司	晋城
350	山西晋丰煤化工有限责任公司	晋城
351	晋能控股装备制造集团华昱能源化工山西有限责任公司	晋城
352	晋能控股装备制造集团天源山西化工有限公司	晋城
353	山西省高平化工有限公司	晋城
354	陵川金隅冀东环保科技有限公司	晋城
355	华新燃气集团有限公司	晋城
356	晋城凤凰实业有限责任公司	晋城
357	山西铭石煤层气利用股份有限公司	晋城
358	山西兴高能源集团股份有限公司	晋城
359	山西绿洲纺织有限责任公司	晋城
360	山西厦普赛尔食品饮料股份有限公司	晋城
361	山西兰花华明纳米材料股份有限公司	晋城
362	山西皇城相府药业股份有限公司	晋城
363	山西金驹煤电化有限责任公司	晋城
364	晋城山水合聚水泥有限公司	晋城

附表 7(续)

序号	技术中心所在企业名称	地市
365	山西建投晋东南建筑产业有限公司	晋城
366	山西铁峰化工有限公司	晋城
367	晋城市金工铸业有限公司	晋城
368	山西天地王坡煤业有限公司	晋城
369	山西鸿生化工股份有限公司	晋城
370	山西平阳重工机械有限责任公司	临汾
371	山西华翔集团股份有限公司	临汾
372	山西汤荣机械制造股份有限公司	临汾
373	山西光宇半导体照明股份有限公司	临汾
374	国营山西锻造厂	临汾
375	山西平阳煤机装备有限责任公司	临汾
376	山西建邦集团有限公司	临汾
377	中信机电制造公司科研设计院	临汾
378	山西风雷钻具有限公司	临汾
379	山西东鑫衡隆机械制造股份有限公司	临汾
380	山西飞虹微纳米光电科技有限公司	临汾
381	山西新源华康化工股份有限公司	临汾
382	山西三维华邦集团有限公司	临汾
383	山西临汾染化(集团)有限责任公司	临汾
384	山西汾河生化有限公司	临汾
385	山西中条山新型建材有限公司	临汾
386	山西路桥第二工程有限公司	临汾
387	山西临汾市政工程集团股份有限公司	临汾
388	古县正泰煤气化有限公司	临汾
389	山西焦化集团有限公司	临汾
390	山西永鑫煤焦化有限责任公司	临汾
391	山西春雷铜材有限责任公司	临汾
392	山西大地华基建材科技有限公司	临汾

附表 7(续)

序号	技术中心所在企业名称	地市
393	云鹏医药集团有限公司	临汾
394	山西旺龙药业集团有限公司	临汾
395	山西晋南钢铁集团有限公司	临汾
396	山西立恒焦化有限公司	临汾
397	山西建邦集团铸造有限公司	临汾
398	山西通才工贸有限公司	临汾
399	山西华德冶铸有限公司	临汾
400	山西长林能源科技有限公司	临汾
401	山西华强钢铁有限公司	临汾
402	山西永东化工股份有限公司	运城
403	永济优耐特绝缘材料有限责任公司	运城
404	大运汽车股份有限公司	运城
405	山西天海泵业有限公司	运城
406	山西丰喜化工设备有限公司	运城
407	山西豪钢重工股份有限公司	运城
408	山西省安瑞风机电气股份有限公司	运城
409	山西华恩机械制造有限公司	运城
410	山西中设华晋铸造有限公司	运城
411	山西阳煤千军汽车部件有限责任公司	运城
412	永济电机天作电气股份有限公司	运城
413	山西中条山机电设备有限公司	运城
414	山西卓里集团有限公司	运城
415	山西寰烁电子科技股份有限公司	运城
416	夏县运力化工有限公司	运城
417	山西腾茂科技股份有限公司	运城
418	山西大禹生物工程股份有限公司	运城
419	临猗县鑫得利纺织印染有限公司	运城

附表 7（续）

序号	技术中心所在企业名称	地市
420	山西凯盛生物科技有限公司	运城
421	阳煤丰喜肥业(集团)有限责任公司	运城
422	山西黄腾化工有限公司	运城
423	山西凯迪建材有限公司	运城
424	冀东海天水泥闻喜有限责任公司	运城
425	山西桑穆斯建材化工有限公司	运城
426	山西黄河新型化工有限公司	运城
427	山西格瑞特建筑科技股份有限公司	运城
428	山西运城建工集团有限公司	运城
429	山西阳光焦化集团股份有限公司	运城
430	际华三五三四制衣有限公司	运城
431	山西宏光医用玻璃股份有限公司	运城
432	山西宇达青铜文化艺术股份有限公司	运城
433	山西兵娟制衣有限公司	运城
434	中铝山西新材料有限公司	运城
435	山西瑞格金属新材料有限公司	运城
436	中磁科技股份有限公司	运城
437	山西佳维新材料股份有限公司	运城
438	中国有色集团晋铝耐材有限公司	运城
439	山西富森能源科技有限公司	运城
440	山西水发振鑫镁业有限公司	运城
441	山西关铝集团有限公司	运城
442	山西东睦华晟粉末冶金有限公司	运城
443	中条山有色金属集团有限公司	运城
444	山西八达镁业有限公司	运城
445	石药银湖制药有限公司	运城
446	朗致集团万荣药业有限公司	运城
447	山西千岫制药有限公司	运城

附表7（续）

序号	技术中心所在企业名称	地市
448	山西建龙实业有限公司	运城
449	山西铁力建材有限公司	运城
450	威顿水泥集团有限责任公司	运城
451	山西炬华新材料科技有限公司	运城
452	山西康特尔精细化工有限责任公司	运城
453	亚新科国际铸造（山西）有限公司	运城
454	垣曲国泰矿业有限公司	运城
455	山西三联顺驰汽车配件有限公司	运城
456	山西宏达钢铁有限公司	运城
457	山西绿海农药科技有限公司	运城
458	山西安仑化工有限公司	运城
459	山西嘉生医药化工有限公司	运城
460	山西新环精密制造股份有限公司	运城
461	山西华康药业股份有限公司	运城
462	山西东鹏新材料有限公司	运城

附表8　2022年山西省技术创新示范企业（装备）

序号	企业名称	所在地市
1	山西阳煤化工机械（集团）有限公司	综改示范区
2	山西科达自控股份有限公司	综改示范区
3	中电科风华信息装备股份有限公司	综改示范区
4	智奇铁路设备有限公司	综改示范区
5	中车太原机车车辆有限公司	太原市
6	太原航空仪表有限公司	太原市
7	经纬智能纺织机械有限公司	晋中市
8	山西华鑫电气有限公司	阳泉市
9	山西华翔集团股份有限公司	临汾市
10	山西华德冶铸有限公司	临汾市
11	大运汽车股份有限公司	运城市

附表 9 央地融合项目（装备）

单位：万元

地市	序号	企业名称	项目名称	项目类别	主要研发内容	建设起止年限	项目总投资
太原市	1	中车太原机车车辆有限公司	KH70B型不锈钢粉煤灰有盖漏斗车研发项目	新产品研发及产业化	项目主要内容：KH70B型不锈钢粉煤灰有盖漏斗车是为解决铁路环保运输问题而研制的一种新型有盖漏斗车。创新点：（1）该车重要结构部位采用高耐候高强钢，与货物接触面采用不锈钢，车体耐腐蚀性强，检修周期长，维修保养费用低。（2）车厢内壁喷涂专用耐磨、耐冲击涂料，有效防止货料与宽料仓黏附，板结，保证运输与卸货活动顶盖。（3）车辆顶部设置了能适应既有宽料仓，提高了使用性能及整体防盗性能，并具有整列、分组控制功能，也可采用远程遥控实现顶盖及底门开闭，极大地提高了车辆装卸效率。项目实施后，依托该公司山西省铁路漏斗车工程技术研究中心，可打造一个有漏斗车的研制基地，弥补国内相关领域的欠缺，车辆所发、制造的过程将带动省内多家企业进入相关市场，创造产值。	2021.01—2021.12	693.00
太原市	2	中车太原机车车辆有限公司	25t轴重侧卸式不锈钢煤炭漏斗车技术研究项目	新产品研发及产业化	项目主要内容：该项目主要是为适应目前我国既有铁路货车综合技术要求和标准接口的基础上，应用轻量化设计理念，采用强度高、耐腐蚀性能好的不锈钢材料，研究新型车体结构，确定车辆技术参数，达到单车载重、列车载重同步提升；（2）研究卸车效率、侧开门卸货结构存在的问题，应用地面卸货设施的适应性，满足用户要求，便于运用及维护；（3）梳理强度及刚度的条件下，车体关键部位结构设计，优化车体关键部位结构设计，在保证车体强度及刚度的条件下，降低自重，增加载重，提升产品性能	2021.01—2021.12	508.00

附表 9(续)

序号	地市	企业名称	项目名称	项目类别	主要研发内容	建设起止年限	项目总投资
3	太原市	中车太原机车车辆有限公司	HXD3系列电力机车制动机系统C6修技术研发项目	关键共性技术研发	项目主要内容：HXD3系列电力机车制动机系统C6修技术研究及检修平台建设，通过与制动机设计制造单位合作，对进口机车制动机系统的独家检修瓶颈问题，缩短机车整车检修周期，提高公司对进口机车制动机系统制造、检修工艺技术能力。检修用设备：电气功能安全测试台、通用件检修测试台、安全阀检测试台、防滑阀检修测试台，通过引能测试台等。主要创新点：通过引进进口机车制动机系统维修工艺技术，流程管理系统，性能测试技术，提升公司对和谐机车核心大部件C6修的质量问题与相应技术水平。通过对和谐机车制动系统C6修运用过程中的质量问题，恢复机车制动机系统的基本性能，并通过相应技术提升改进，解决机车核心大部件C6修的质量问题，保证机车制动机的安全、可靠运行，满足中国铁路客货运机车运用市场的需求，促进既有和谐机车检修能力水平的提升	2021.01—2021.12	2 000.00
4	大同市	中车大同电力机车有限公司	复合材料在机车转向架中的应用研发项目	新产品研发及产业化	项目主要内容：该项目基于复合材料质量轻、裂纹不敏感、高比强度与比模量、耐磨损、尺寸稳定性好等优点，通过成本控制、增强体材料选择、微观组织与力学性能分析、成型工艺与热处理工艺设计等方面对复合材料在机车转向架下簧下部件的应用进行研究。创新点：该项目目选用金属基复合材料大量应用在轨道车辆内部设施等非承载结构中，缺乏在承载结构件中的应用前景。行业作用：复合材料替代传统金属材料，通过簧下质量轻量化有效减轻轮轨之间的冲击，提高转向架动力学性能，提高部件在高频振动工况下的寿命，降低噪声，还开拓了复合材料承载部件的应用成本	2021.01—2022.06	60.00
5	太原市	中车太原机车车辆有限公司	大容积气卸式粉煤灰专用罐式集装箱技术研发项目	新产品研发及产业化	项目主要内容：对粉煤灰相关在用不同方案的先进技术、对适应气力输送大容积粉煤灰专用集装箱结构形式进行研究，并针对不同的技术方案进行对比分析；对卸载残留量低的流化床技术和适应既有料仓的接口技术进行研究；对罐体、封头、框架等进行仿真分析、计算校核及必要的实验验证。通过技术研究，总结出载重大、自重轻，卸载压力与风源匹配性强，卸载残留低的粉煤灰罐式集装箱设计技术，为制造成本低、综合效益强的罐式集装箱奠定理论基础，同时具备根据用户实际需求，快速为其提供相应解决方案的能力	2021.01—2021.12	658.00

附表 9(续)

序号	地市	企业名称	项目名称	项目类别	主要研发内容	建设起止年限	项目总投资
6	省综改区	山西天地煤机装备有限公司	采掘运设备制造项目	装备制造	对原有设备制造组装生产线进行改造升级，购置、更新生产工器具，委外加工零部件，厂内组装采掘设备 220 台(套)，并搭载远程监控系统与采掘运设备全生命周期管理系统平台互联互通，对设备运行数据进行采集分析、在线监测，实现采掘运设备全生命周期管理与服务的技术改造目标	2020.01—2022.12	15 000.00
7	省综改区	中国煤炭科工集团太原研究院有限公司	矿用新装备新材料安全准入分析验证实验室建设项目	装备制造	建设矿用掘进装备整机、行走和截割部安全性能分析验证系统；建设矿用胶轮运输装备动力、制动器和整机安全性能分析验证系统	2019.07—2022.07	23 209.00
8	省综改区	中电科风华信息装备股份有限公司	中国电科(山西)新型显示装备智能制造产业基地一期项目	新装备	项目规划为半导体显示、半导体模组、偏光片五类专用生产设备，同时以五类产品为基础，以关键工艺为突破重点，开发自动化及智能控制生产线，实现产品与技术升级，打造集科研、生产、检测、信息服务为一体的综合性电子信息创产业园	2021.05.01—2023.12.31	28 000.00

附件

附表10 2021年新装备行业重大项目

单位:万元

序号	项目名称	总投资	年度计划投资	年度累计完成	截至2022年累计完成	建设地点名称	实际开工时间	计划完工时间	项目示范性说明	责任单位	项目单位名称	项目单位性质
1	中国电科(山西)新型装备智能制造示范产业基地一期项目	28 000	3 000	7 551	22 551	山西转型综改示范区(太原片区)	2021-05-01	2023-12-31	项目建成投产后,预计可实现营业收入3亿元,利润总额3 000万元,年纳税1 200万元	山西转型综改示范区(太原片区)	中电科风华信息装备股份有限公司	国有及国有控股企业
2	中航兰田搬迁改造专用汽车零部件生产基地项目	109 000	30 000	36 500	65 500	晋中市榆次区	2021-08-01	2023-08-31	—	晋中市	中航兰田装备制造有限公司	私营企业
3	华翔年产15万吨精密零件和2亿件机加工件项目	112 000	37 000	35 223	35 223	临汾市洪洞经济技术开发区	2021-11-01	2026-10-01	成为全球最大的智能家居家电零部件生产基地	临汾市	华翔(洪洞)智能科技有限公司	私营企业
4	夏县畅达科技交通设备制造项目	32 000	15 000	20 026	30 206	运城市夏县	2021-05-01	2023-12-01	—	运城市	畅达科业有限公司	私营企业
5	大同隆基1.5 GW单晶组件制造项目	35 000	10 000	10 000	30 000	大同市新荣经济技术开发区	2021-04-01	2022-12-31	项目落成后,将成为晋北区域范围最大的高效单晶组件生产基地	大同市	大同隆基光伏科技有限公司	私营企业

附表 10（续）

序号	项目名称	总投资	年度计划投资	年度累计完成	截至2022年累计完成	建设地点名称	实际开工时间	计划完工时间	项目示范性说明	责任单位	项目单位名称	项目单位性质
6	太重智能高端液压挖掘机产业项目	178 000	148 000	43 859.38	43 859.38	山西转型综改示范区（太原片区）	2021-12-01	2022-12-31	新建工程液压挖掘机专业化研发制造基地，打造具备行业最先进工艺水平的智能化"灯塔"工厂	省国资运营公司	山西太重工程机械有限公司	国有及国有控股企业
7	太重退城入园智能高端装备生产线升级改造项目	181 000	172 000	50 348	57 348	山西转型综改示范区（太原片区）	2021-03-01	2022-12-31	打造智能设计、智能制造、智能产品、智能服务，优化公司产业结构和工艺流程，提升装备水平	省国资运营公司	山西太重智能装备有限公司	国有及国有控股企业
8	山西中兵铸造有色金属铸造基地项目	28 700	10 000	3 339.3	15 339.3	大同市云冈经济技术开发区	2021-06-16	2023-03-31	对标世界一流铸造工艺研发机构，引进消化吸收世界先进铸造技术；整合兵器集团相关有色金属铸造资源，淘汰落后产能，提高铸件质量，降低生产成本，形成有色金属铸造产业新体系；进一步开拓航空、航天、船舶及轨道交通等高端有色金属铸件市场，逐步形成万吨级高端有色金属铸造产业基地	大同市	山西中兵铸造有限公司	国有及国有控股企业
9	山西华储光电5GW高效光伏组件制造项目	107 000	70 000	57 070	88 070	阳泉市阳泉高新技术产业开发区	2021-04-01	2022-06-30	采用全球首创POPAID工艺技术的新一代TOPCon电池技术，电池转化率24%以上，同时叠加大硅片，密栅焊接（11栅）、半片技术，目前可以实现组件效率22%以上，组件功率可达700 W，同时组件双面率80%，首年衰减1%以下，温度系数—0.32%/K，产品质保30年。与竞争对手相比，该组件产品具有最低电成本优势	阳泉市	山西华储光电有限公司	国有及国有控股企业

附 件

附表10(续)

序号	项目名称	总投资	年度计划投资	年度累计完成	截至2022年累计完成	建设地点名称	实际开工时间	计划完工时间	项目示范性说明	责任单位	项目单位名称	项目单位性质
10	山西华阳中来年产16 GW高效单晶电池智能工厂项目	560 000	100 000	84 734.99	250 734.99	山西转型综改示范区(太原片区)	2021-04-01	2023-08-31	全面采用5G+智能制造方案,结合中来最新J-TOPCon 2.0技术打造全新的N型高效电池制造车间	山西转型综改示范区(太原片区)	山西华阳中来光电科技有限公司,山西新阳中来新源科技有限公司	私营企业
11	山西英特丽EMS智能制造生产基地项目	100 000	5 000	10 400	47 400	晋城市晋城经济技术开发区	2021-11-01	2024-12-31	该项目是一个技术密集型、投资密集型、劳动密集型的电子电子代工项目。打造一个光机电产业公共服务平台,可为开发区及周边地区90%以上光机电产品代工提供电路板加工、电子产品代工等服务	晋城市	山西英特丽电子科技有限公司	私营企业
12	山西诚荣年产20万吨精密铸锻件项目	200 000	75 000	66 500	78 500	临汾市襄汾经济技术开发区	2021-05-01	2024-12-01	该项目充分利用自动转运、机器人打磨加工、涂装等技术与设备提升项目的自动化、数字化和智能化水平炼铁水自动加压配料、智能化熔芯、自动浇注、全自动造型、制芯、下芯等	临汾市	山西诚荣装备制造有限公司	私营企业
13	山西金晟源年产1万吨一体化精密仪器机械生产加工项目	37 000	8 000	10 003	26 713	忻州市定襄经济技术开发区	2021-04-01	2022-12-31	该项目致力于创造定襄县首家"集产品制造、精密加工、包装、运输与售后为一体"的高高精端一体化加工标准示范企业,是锻造产业高质量转型发展的典型代表	忻州市	山西金晟源法兰有限公司	私营企业

附表 10（续）

序号	项目名称	总投资	年度计划投资	年度累计完成	截至2022年累计完成	建设地点名称	实际开工时间	计划完工时间	项目示范性说明	责任单位	项目单位名称	项目单位性质
14	平陆新环精密年产3 000万件太阳能光伏设备产业化项目	30 000	10 000	15 800	18 800	运城市平陆县	2021-07-01	2023-07-01	由美国尼克公司提供技术，成为国内较大的太阳能跟踪系统生产基地	运城市	山西新环精密制造股份有限公司	私营企业
15	广灵合晶精机械制造与铸锻件项目	30 000	8 000	6 406	18 406	大同市广灵县	2021-06-01	2022-10-31	成为山西省较大的精密铸件生产基地之一，产品出口北美、日本等地区	大同市	广灵县合晶精密机械制造有限公司	
16	忻州智能装备制造产业园项目	87 000	30 000	10 350	66 350	忻州市忻州经济开发区	2021-04-01	2022-08-31	该项目建成后将有利于加快忻州及山西省智能康养产业发展，促进区域医疗康养机器人应用，推动医疗康养企业智能化转型升级	忻州市	新松机器人产业发展(忻州)有限公司	
17	晋能年产3 GW大阳能高效组件项目	39 000	17 000	31 603	20 905	吕梁市文水经济开发区	2021-11-01	2022-03-31	该项目产品属于国家鼓励发展的新能源和可再生能源产业，产品方向符合国家产业导向，并且是当前优先发展的高技术产业化重点领域产品	吕梁市	晋能清洁能源科技股份有限公司	
18	永济市中铁新能源有轨电车总装基地项目	100 000	20 000	20 834	25 834	运城市永济经济技术开发区	2021-01-01	2023-12-31	新能源有轨电车，一次充电行驶50 km	运城市	山西中铁新能源轨道交通发展有限公司	私营企业

附表 10（续）

序号	项目名称	总投资	年度计划投资	年度累计完成	截至2022年累计完成	建设地点名称	实际开工时间	计划完工时间	项目示范性说明	责任单位	项目单位名称	项目单位性质
19	盐湖区耐卡恩年产3 000台/套中央空调项目	50 000	30 000	26 150	26 150	运城市盐湖高新区	2021-11-01	2024-10-31	成为山西最大的中央空调产业链生产基地	运城市	耐卡恩（山西）新能源制造有限公司	私营企业
20	运城经开区新建凹版印刷电子雕刻版及压纹辊自动化智能制造生产线项目	54 000	10 000	11 280	15 280	运城经济技术开发区	2021-06-01	2023-05-01	新建五条凹版印刷电子雕刻版印刷辊自动化智能制造生产线，建设以SAP智能管理系统、执行系统为依托的MES生产管理系统，处于同行业国内绝对领先水平	运城市	运城制版制造有限公司	私营企业
21	金烨钢铁金属增材制造新材料项目	50 000	10 000	12 055	12 055	长治市壶关县	2021-10-01	2023-10-31	建立"增材制造材料及关于研究山西省重点实验室以及中试基地"，推动长治成为国家增材制造新材料科技的创新核心区和产业集区，打造山西省高端增长板	长治市	金烨钢铁集团有限公司	私营企业
22	雅生科技人工智能工业机器人及智能网联汽车研发生产项目	50 000	10 000	16 505	23 505	山西转型综改示范区（晋中片区）	2021-09-01	2024-05-31	采用新材料、新技术和新工艺、生产模式向规模化、智能化和信息化方向发展	晋中市	山西雅生科技有限公司	私营企业
23	高科华兴电子新建LED封装项目	35 000	10 000	22 870	32 870	长治市长治经济技术开发区	2021-06-01	2023-06-30	成为国内最大的LED产品生产基地	长治市	山西高科华兴电子科技有限公司	私营企业

附表11　2022年新装备行业重大项目

单位：万元

序号	项目名称	总投资	年度计划投资	年度累计完成	截至2023年累计完成	建设地点名称	实际开工时间	计划完工时间	项目示范性说明	责任单位	项目单位名称	项目单位性质
1	临汾经开区智能制造产业园汽车配件生产项目	93 000	10 000	30 104	38 786	临汾市临汾经济技术开发区	2022-02-26	2024-10-01	生产自主品牌的汽车配件，满足市场对汽车配件的需求，为承接产业转移做示范	临汾市	山西临汾开发区开发建设有限公司	国有及国有控股企业
2	夏县广浙机械汽车零部件加工项目	35 000	8 000	16 923	20 923	运城市夏县	2022-01-01	2023-12-31	填补当地的产业空白，逐渐形成完整的汽车产业链	运城市	山西广浙机械制造有限公司	私营企业
3	晋元通5G智慧电力科技基地项目	50 000	20 000	13 500	13 500	临汾经济开发区	2022-03-05	2024-05-01	项目投产达效后可实现年产值5亿元，实现年利税3 000余万元，新增就业岗位300余人	临汾市	晋元通智慧能颂科技有限公司	私营企业
4	运城经开区亚新科汽车零部件制造基地一期项目	68 000	26 000	24 200	24 200	运城市运城经济技术开发区	2022-03-01	2023-05-01	成为中国最大的独立的中重型发动机缸体、缸盖制造基地，成为该行业内世界排名前六位的中重型缸体、缸盖制造企业	运城市	亚新科工业技术（运城）有限公司	国有及国有控股企业

附件

附表12 2021年工业技改升级行业重大项目（装备）

单位：万元

序号	项目名称	总投资	年度计划投资	年度累计完成	截至2023年累计完成	建设地点名称	实际开工时间	计划完工时间	项目示范性说明	责任单位	项目单位名称	项目单位性质
1	太重3.0兆瓦以上风电用变速箱生产线升级改造项目	63 872	42 365	19 776	22 951	山西转型综改示范区（太原片区）	2021-01-01	2022-06-30	采用模块化设计批量生产规模化设计批量生产规模成本，降低综合能源消费量，提升装备水平，使生产规模和加工水平位于行业领先地位	省国资运营公司	太原重工新能源装备有限公司	国有及国有控股企业
2	太重高端冶金矿山机械用变速箱生产线升级改造项目	54 454	28 243	10 985	36 985	山西转型综改示范区（太原片区）	2021-01-01	2022-07-31	结合产业发展趋势和技术发展趋势，以现代通信、物联网人工智能等新技术的运用，实现智能化、服务化转型，打造智慧+生态的基础工程机械产业网	省国资运营公司	太原重工新能源装备有限公司	国有及国有控股企业
3	太钢不锈信息化升级改造一期项目	26 781	11 339	14 930.24	26 269.24	太原市尖草坪区	2021-08-01	2022-07-31	—	太原市	太原钢铁(集团)有限公司	国有及国有控股企业
4	太钢中厚板生产线智能化改造项目	247 381	139 970	135 747	223 190	太原市尖草坪区	2021-03-01	2022-10-31	—	太原市	太原钢铁(集团)有限公司	国有及国有控股企业
5	晋城富泰华第五代移动通信设备精密零组件智能化改造生产项目	107 000	30 000	22 700	37 700	晋城市晋城经济技术开发区	2021-05-20	2023-12-01	该项目生产规模为日产智能手机构件10万件	晋城市	晋城富泰华精密电子有限公司	私营企业
6	河津宏达钢铁装备升级节能提效智慧工厂项目	197 000	20 000	196 000	196 000	运城市河津经济技术开发区	2021-05-01	2023-02-01	项目建成后环保水平达到超低排放要求，能耗水平处于标准煤12万吨/年，装备水平、智能制造水平、信息化水平均处于国内一流	运城市	山西宏达钢铁集团有限公司	私营企业

· 81 ·

附表 13　2022 年高新技术企业（装备）

序号	企业名称	所属地市
1	山西省安瑞风机电气股份有限公司	运城市
2	繁峙县中环铸业有限公司	忻州市
3	晋中市欣中泰液压设备有限公司	晋中市
4	晋中中意德电子液压有限公司	晋中市
5	临汾市鑫锐机械设备有限公司	临汾市
6	山西天宝集团有限公司	忻州市
7	山西中通管业股份有限公司	忻州市
8	山西佳诚液压有限公司	忻州市
9	山西同德爆破工程有限责任公司	忻州市
10	原平恒信液压机械股份有限公司	忻州市
11	定襄县同立重工有限公司	忻州市
12	长治市中瑞精密轴承制造有限公司	长治市
13	山西龙辉伟业输配电设备有限公司	太原市
14	山西臻航机电技术有限公司	太原市
15	山西天巨重工机械有限公司	晋城市
16	山西鹿之造电子科技有限公司	长治市
17	山西中泰特种机器人有限公司	朔州市
18	山西锦荣智能技术有限公司	太原市
19	山西鑫盛激光技术发展有限公司	晋城市
20	山西壶化集团股份有限公司	长治市
21	山西众凯联承机电设备有限公司	太原市
22	富联科技（山西）有限公司	太原市
23	山西中矿威特矿山技术开发有限公司	长治市
24	山西际安电气有限公司	长治市
25	太原市浩森力电子电力设备有限公司	太原市
26	山西顺联科技股份有限公司	太原市
27	山西德联自动化工程有限公司	太原市
28	山西四元信息科技有限公司	太原市

附表 13(续)

序号	企业名称	所属地市
29	太原融盛科技有限公司	太原市
30	山西灵石亨泰荣和金属压铸件有限公司	晋中市
31	山西成功汽车制造有限公司	长治市
32	山西暗石电子技术有限公司	晋城市
33	大同天晟电气有限公司	大同市
34	太原市天正电气成套电控有限公司	太原市
35	山西辉能科技有限公司	晋中市
36	山西永强电气有限公司	晋中市
37	朔州金华实业有限公司	朔州市
38	山西互通新能源汽车股份有限公司	长治市
39	山西阿莫思科技有限公司	太原市
40	山西戴德测控技术有限公司	太原市
41	山西塔沃电力工程设计有限公司	太原市
42	山西百达电子科技有限公司	太原市
43	山西富垦电气有限责任公司	太原市
44	山西威斯顿电子科技有限公司	太原市
45	晋城华宇电力科技股份有限公司	晋城市
46	山西汾西电气有限公司	太原市
47	元工电气科技有限公司	晋中市
48	山西诺浩新能源科技有限公司	朔州市
49	山西天安翔宇电器有限公司	晋中市
50	山西新思备科技股份有限公司	晋中市
51	阳泉市万科电器有限公司	阳泉市
52	山西宸控物联网科技有限公司	太原市
53	山西平阳重工机械有限责任公司	临汾市
54	太原市博远钢建筑有限公司	太原市
55	太原市富利恒自动化科技有限公司	太原市
56	大同科工安全仪器有限公司	大同市

附表 13(续)

序号	企业名称	所属地市
57	山西科硕自动化设备有限公司	晋中市
58	山西多利达精密机械有限公司	晋中市
59	山西风源机械制造有限公司	运城市
60	山西欧士德科技有限公司	太原市
61	山西安赛科安全技术有限公司	晋城市
62	中信机电制造公司科研设计院	临汾市
63	太原奇拓电子科技有限公司	太原市
64	太原恒信科达重工成套设备有限公司	太原市
65	康硕(山西)智能制造有限公司	晋城市
66	山西国惠华光科技有限公司	太原市
67	山西金控自动化科技有限公司	太原市
68	太原思宸机械设备有限公司	太原市
69	山西森尔科技有限公司	晋中市
70	山西江淮重工有限责任公司	晋城市
71	山西嘉世达机器人技术有限公司	太原市
72	山西美安科技有限公司	太原市
73	山西华坤机械有限公司	阳泉市
74	侯马市宝德机械铸造有限公司	临汾市
75	新绛县祥和机械有限公司	运城市
76	山西衡杉钻具有限公司	太原市
77	山西昊森机械制造有限公司	太原市
78	山西鑫万兴铸业有限公司	晋中市
79	晋城市久丰铸造有限公司	晋城市
80	山西安信铸造科技股份有限公司	忻州市
81	太谷县鑫胜玛钢有限公司	晋中市
82	山西尼尔耐特机电技术有限公司	太原市
83	山西奥普赛科技有限公司	运城市
84	山西宏坊电力金具制造有限公司	晋中市

附件

附表 13(续)

序号	企业名称	所属地市
85	山西精专致科技股份有限公司	晋中市
86	国营山西锻造厂	临汾市
87	山西蓝天盾石人防设备有限公司	忻州市
88	大同特威尔机械有限公司	大同市
89	山西罗克森机械设备有限责任公司	朔州市
90	永济市泰昌铝业加工有限公司	运城市
91	山西北山重工集团有限公司	忻州市
92	山西德道装备制造集团有限公司	太原市
93	山西富朗德液压技术有限公司	晋中市
94	太原市起来机械设备制造有限公司	太原市
95	晋城市华顺鑫铸业股份有限公司	晋城市
96	山西海洛斯铸锻件有限公司	太原市
97	山西万锐液压机械有限公司	晋中市
98	山西班姆德机械设备有限公司	太原市
99	山西暾暾机械设备有限公司	阳泉市
100	侯马市海达矿山机械设备有限公司	临汾市
101	太原北方重工机械有限公司	太原市
102	山西星耀建材设备制造有限公司	吕梁市
103	山西嘉力来建筑工程有限公司	忻州市
104	新绛县旭新机床有限公司	运城市
105	太原纵横海威科技有限公司	太原市
106	山西愚公斧开山机械设备制造有限公司	太原市
107	山西科隆高新技术有限公司	太原市
108	山西石伟达机电科技股份有限公司	太原市
109	阳煤忻州通用机械有限责任公司	忻州市
110	太原宇成机械制造有限公司	太原市
111	山西中设华晋铸造有限公司	运城市
112	朔州市鑫瑞机械制造有限公司	朔州市

附表 13(续)

序号	企业名称	所属地市
113	山西康耐特科技有限公司	太原市
114	太原华欣诚机电设备有限公司	太原市
115	太谷新纪机械有限公司	晋中市
116	山西奥普能电气科技股份有限公司	大同市
117	山西龙鼎沅重工装备有限公司	运城市
118	山西赛乐诚电气保护系统有限公司	运城市
119	山西焦煤爱钢装备再制造股份有限公司	太原市
120	长治市华特轴承制造有限公司	长治市
121	山西中航锦恒科技有限公司	太原市
122	海创新材料有限公司	太原市
123	山西长河液压设备有限公司	晋中市
124	运城市山海机械设备制造有限公司	运城市
125	山西玉海液压机械制造有限公司	晋中市
126	山西冠荣科技股份有限公司	忻州市
127	山西华骏汽车制造股份有限公司	忻州市
128	山西奥铭科技有限公司	吕梁市
129	陵川县金丰科技股份有限公司	晋城市
130	山西三联顺驰汽车配件有限公司	运城市
131	晋中宏泰液压机械有限公司	晋中市
132	太原艾逖汽车检测设备有限公司	太原市
133	山西沃德威流体控制有限公司	太原市
134	山西成城科技有限公司	太原市
135	太原申华物资管件有限公司	太原市
136	侯马市燎原机械制造有限公司	临汾市
137	山西荟阳汽车制造股份有限公司	运城市
138	山西创拓液压有限公司	晋中市
139	临汾市侯马经济开发区中海重工有限公司	临汾市
140	恒岳重工有限责任公司	大同市

附表 13(续)

序号	企业名称	所属地市
141	山西太工矿业教学设备有限公司	长治市
142	太原矿机电气股份有限公司	太原市
143	山西德源宏泰科技有限公司	忻州市
144	运城恒和科技有限公司	运城市
145	太原刚玉物流工程有限公司	太原市
146	太原巨众自动化设备有限公司	太原市
147	大同北方天力增压技术有限公司	大同市
148	山西上捷电梯有限公司	大同市
149	山西开源益通矿业设备制造有限公司	晋中市
150	山西贝斯特机械制造有限公司	晋中市
151	山西道胜煤机成套设备有限公司	临汾市
152	山西维达传动科技有限公司	太原市
153	长治市钜星锻压机械设备制造有限公司	长治市
154	忻州市新华富润科技有限公司	忻州市
155	山西华尧重工股份有限公司	临汾市
156	襄垣县仁达机电设备有限公司	长治市
157	山西华瑞成煤机设备制造有限公司	太原市
158	晋中经纬恒腾纺机有限公司	晋中市
159	长治盈德气体有限公司	长治市
160	豪佳电力建设集团股份有限公司	太原市
161	晋控电力山西工程有限公司	太原市
162	霍州煤电集团亿能电气股份有限公司	临汾市
163	山西许继电气有限公司	太原市
164	山西翰研科技有限公司	吕梁市
165	山西琪杭科技有限公司	太原市
166	山西众博自控设备有限公司	吕梁市
167	山西亚世天成科技有限公司	太原市
168	山西锦丰大地精密机械有限公司	太原市

附表 13（续）

序号	企业名称	所属地市
169	泰森电气有限公司	太原市
170	山西同鑫达电气工程有限公司	太原市
171	山西盛泰鸿铭科技有限公司	太原市
172	长治市本立科技有限公司	长治市
173	神华神东电力山西河曲发电有限公司	忻州市
174	太原向明智控科技有限公司	太原市
175	山西卓立佰电气有限公司	太原市
176	山西赵修民互感器有限公司	太原市
177	太原晶通传感计控有限公司	太原市
178	太原市德力西电器设备有限公司	太原市
179	山西华鑫电气有限公司	阳泉市
180	山西雷能电力科技有限公司	太原市
181	山西汇同瑾鑫工贸有限公司	晋中市
182	山西惠丰特种汽车有限公司	长治市
183	山西省运城市中城配电箱有限公司	运城市
184	山西得中电气有限公司	太原市
185	山西北方机械制造有限责任公司	太原市
186	山西三亿工程有限公司	忻州市
187	临汾市侯马经济开发区云创电子科技有限公司	临汾市
188	晋中经纬钰鑫机械有限公司	晋中市
189	经纬智能纺织机械有限公司	晋中市
190	太原北方重工华博智能工程有限公司	太原市
191	山西宏润核安科技有限公司	太原市
192	太原市太航压力测试科技有限公司	太原市
193	太原晋润田生态环境科技有限公司	太原市
194	山西通创智能制造股份有限公司	太原市
195	长治市飞翔电气设备有限公司	长治市
196	大同市汇力乐能源科技有限公司	大同市

附表 13(续)

序号	企业名称	所属地市
197	永济市凯瑞电气有限公司	运城市
198	山西柴油机工业有限责任公司	大同市
199	际华三五三四制衣有限公司	运城市
200	山西金悦泰科技有限公司	阳泉市
201	晋中开发区立达机械制造有限公司	晋中市
202	太原至诚机车车辆配件有限责任公司	太原市
203	太谷县昌煜铸造有限公司	晋中市
204	晋城市佳欣铸业股份有限公司	晋城市
205	山西仁荷微电子科技有限公司	晋中市
206	山西中煤电气股份有限公司	太原市
207	山西联众汇通机电设备有限责任公司	太原市
208	格尔德贝克(山西)法兰管件有限公司	忻州市
209	山西万氏达电子科技有限公司	太原市
210	山西航弈生物科技有限责任公司	阳泉市
211	山西解义电泵制造有限公司	运城市
212	山西华威铁路器材股份有限公司	晋中市
213	山西精艺液压制造有限公司	晋中市
214	山西浩林成套设备股份有限公司	太原市
215	山西博宇重工股份有限公司	晋城市
216	山西令德科技有限公司	太原市
217	太原市京丰铁路电务器材制造有限公司	太原市
218	山西迈杰模具制造有限公司	太原市
219	山西海洛斯机械有限公司	晋中市
220	晋中三明液压机械有限公司	晋中市
221	山西广和新型材料科技有限公司	临汾市
222	霍州煤电集团鑫钜煤机装备制造有限责任公司	临汾市
223	山西博远科技有限公司	太原市
224	山西恒清源供水设备有限公司	太原市

附表 13(续)

序号	企业名称	所属地市
225	忻州立泊装备制造有限公司	忻州市
226	介休市鹏盛铸造机械制造有限公司	晋中市
227	山西信合智控科技有限公司	太原市
228	山西亿万德厨业有限公司	晋中市
229	玉兔新能源汽车有限公司	太原市
230	东杰智能科技集团股份有限公司	太原市
231	山西天地赛福蒂科技有限公司	太原市
232	太原市磊焱科技有限公司	太原市
233	山西承创制造技术开发有限公司	太原市
234	山西麦特智能机械制造股份有限公司	晋中市
235	太原重工工程技术有限公司	太原市
236	山西煤矿机械制造股份有限公司	太原市
237	长治市澳瑞特欣鑫健身器材股份有限公司	长治市
238	山西贝益菌生物科技有限公司	太原市
239	山西银鑫机械制造股份有限公司	运城市
240	太原立智慧机电科技有限公司	太原市
241	山西腾泰环保科技有限公司	大同市
242	山西星辰汽车零部件有限公司	太原市
243	太原市博世通机电液工程有限公司	太原市
244	长治市三耐铸业有限公司	长治市
245	太原泰立机电新技术有限公司	太原市
246	太原普莱设工程技术有限公司	太原市
247	山西柏腾科技有限公司	太原市
248	太原市冶金机械厂	太原市
249	山西利民工业有限责任公司	晋中市
250	太原市沃达电气技术有限公司	太原市
251	山西恒瑞昆新材料技术有限公司	临汾市
252	山西创宁科技股份有限公司	太原市

附表 13(续)

序号	企业名称	所属地市
253	山西事事通讯科技股份有限公司	大同市
254	山西鸿源通达电力科技有限公司	太原市
255	长治市青鸾衡器有限公司	长治市
256	山西网淘刀具有限公司	太原市
257	国家能源集团山西神头第二发电厂有限公司	朔州市
258	山西拓航电子科技有限公司	晋中市
259	山西星枫智控科技有限公司	太原市
260	山西博韬科技有限公司	太原市
261	山西欧方科技有限公司	太原市
262	山西上科通达电气有限公司	太原市
263	太原市捷力达电子有限公司	太原市
264	山西创美轻合金科技有限公司	太原市
265	山西中科伟业电气技术有限公司	太原市
266	山西众诚智睿科技有限公司	晋城市
267	太原四联智能电气科技有限公司	太原市
268	山西雷隆电柜电气设备有限公司	太原市
269	山西晋盛达钢模板有限公司	吕梁市
270	山西通用航空无人机有限公司	晋中市
271	山西锦浩晟精密科技有限公司	长治市
272	山西雅美德印刷科技有限公司	晋中市
273	山西汾阳丰源网架钢结构有限公司	吕梁市
274	山西中译同创机械制造有限公司	晋中市
275	智奇铁路设备有限公司	太原市
276	山西金冠机械制造股份有限公司	运城市

参 考 文 献

[1] 曹文龙,姚强.除渣装置在煤化工中的应用与优化[J].氮肥与合成气,2023,51(12):18-20,31.

[2] 陈俊琦,张巨峰.建通航示范强省 拓转型发展新空:2020尧城(太原)国际通用航空飞行大会开幕[J].支部建设,2020(32):8-9.

[3] 成功通航 共创美好生活 携手走向成功[J].机械管理开发,2020,35(11):322.

[4] 程治方."十五"期间国内石油与化学工业发展及化工装备行业生存空间预测[J].机电新产品导报,2002(7):4-9.

[5] 冯学军.煤化工中焦化废水的污染控制原理与技术应用研究[J].中国石油和化工标准与质量,2023,43(20):181-183.

[6] 高华斌.江阴华方科技:致力成为中国新型纺织机械领跑者[J].中国纺织,2023(Z5):54-55.

[7] 关威.新机场通航运营背景下北京大兴及南部地区城市功能升级研究[J].现代商贸工业,2020,41(22):33-35.

[8] 黄磊.基于运河背景的沧州市大运河旅游通航研究[J].港口航道与近海工程,2023,60(4):116-120.

[9] 贾虎瑞,王宇.山西省:拟建30个航空飞行营地[J].湖北应急管理,2023(4):69.

[10] 晋农.山西省人民政府印发《关于加快推进农业机械化和农机装备产业转型升级的实施意见》[J].当代农机,2019(10):7.

[11] 晋农.推广应用数字化智能化技术装备提升农机作业质量和效率:山西省农机化新型经营主体提档升级培训班暨数字农业装备现场演示会在忻州繁峙召开[J].当代农机,2022(7):7.

[12] 李宁,时逢瑶.青岛宏大:以实际工作推进振兴纺织机械三年行动[J].东方企业文化,2023(5):72-75.

[13] 李增宏,燕丽."十四五"时期山西省农机化发展探析[J].当代农机,2021(5):7-9.

[14] 李增宏.激发科技创新活力 推进山西省农机化高质量发展[J].当代农机,2023(8):6-9.

[15] 刘文,满强强.煤化工废水处理及资源化利用研究现状[J].石化技术,2023,30(11):110-112.

[16] 刘小康.山西省丘陵山区农业机械化发展现状与思考[J].农机科技推广,2022(2):18-19,40.

[17] 卢庆华.基于产业链的山西省通用航空发展思路[J].现代工业经济和信息化,2021,11(6):8-11.

[18] 吕蔚然,刘芸.山西省农业机械化发展水平分析及对策研究[J].现代农业科技,2023(11):135-139.

[19] 梅宝龙,李雪清,邹玲玲.纺织机械中小企业生产车间实现精益管理路径探讨[J].中国纺织,2023(Z1):93-95.

[20] 煤化工节能装备行业迎发展良机[J].当代化工,2015,44(10):2474.

[21] 穆彦怀,安磊,秦国英,等.煤化工企业循环水系统低碳节能优化研究[J].山西化工,2023,43(10):192-194.

[22] 牛方.国机集团:三年,全力振兴纺织机械[J].中国纺织,2023(Z2):74-75.

[23] 齐腾飞.煤化工气化装置气化单元损失机理分析[J].氮肥与合成气,2023,51(11):39-42.

[24] 綦琦.粤港澳大湾区建设背景下中山发展通航业效益分析[J].空运商务,2020(1):48-51.

[25] 乔建芬,高巍,张亚萍,等.《煤化工装备操作与维护》课程的思政教育研究与实践[J].云南化工,2022,49(7):168-169.

[26] 山西省人民政府.山西省人民政府关于印发山西省通用航空业发展规划(2018—2035年)的通知[J].山西省人民政府公报,2018(20):1-12.

[27] 山西省通用航空服务将覆盖所有县市[J].交通企业管理,2018,33(5):80.

[28] 石学让,许金新,唐洪洲,等.资源节约型环境友好型企业的探索与实践[C]//2009煤炭企业管理现代化创新成果集.2010:598-605.

[29] 数据盘点中国通用航空创新创业[J].中国航班,2021(22):57-59.

[30] 孙亮.纺织机械的绿色设计探讨[J].化纤与纺织技术,2023,52(5):87-89.

[31] 王爱娥,赵迎春,肖阳.全域低空开放背景下湖南通航产业高质量发展研究[J].中国航务周刊,2023(32):48-50.

[32] 王海滨,陈轩,李佳恒.交通强国背景下三峡河段智能通航总体框架与发展趋势展望[J].中国水运,2023(4):19-21.

[33] 王鹏飞.山西省丘陵山区农作物生产机械化发展探索[J].农业工程,2022,12(5):17-19.

[34] 王晓黎,郭沙.质量管理成熟度评价模型在纺织机械企业的实践[J].中国质量,2023(7):50-52.

[35] 王志翔.大同成功举办"一展一坛"提升航空应急救援能力[J].中华灾害救援医学,2019,7(12):721.

[36] 为转型蹚新路开拓新空:省政协"推进通航示范省建设"专题议政会发言摘编[N].山西政协报,2020-10-23(2).

[37] 魏巍,张芳.北极东北航道通航背景下大连港发展机遇分析[J].东北亚经济研究,2021,5(5):33-45.

[38] 奚洋.绿色制造技术在纺织机械行业中的应用[J].化纤与纺织技术,2023,52(1):98-100.

[39] 辛保娟.数字化三维模型在纺织机械零件加工中的应用[J].轻纺工业与技术,2023,52(4):57-59.

[40] 闫婷婷.新赛道上开新局:记山西省先进基层党组织、山西通用航空集团有限公司党总支[J].支部建设,2021(26):40-41.

[41] 余曲波.成渝地区双城经济圈建设背景下嘉陵江通航常态化存在的问题及建议[J].水运管理,2021,43(2):1-4.

[42] 袁春妹,陶红,墨影.打开产业新世界,国际纺织机械展书写新篇章[J].纺织服装周刊,2023(45):12-13.

[43] 张卫卫.服务通航发展背景下航空类院校育人路径探究[J].物流工程与管理,2022,44(8):169-171.

[44] 张园.农机化支撑保障农业产业化发展的对策研究:以山西省为例[J].农产品加工,2023(16):94-96.

[45] 赵凤申.新冠疫情防控背景下通航价值发现及其发展探讨[J].产业与科技论坛,2022,21(5):75-76.

[46] 赵宏,张园,刘宁,等.推进山西省农业机械化发展的经济思考[J].当代农机,2023(5):103-104.

[47] 赵双乔,马彧.基于人机工程学的纺织机械设备操控界面设计研究[J].工业设计,2023(5):158-160.

[48] 周航捷,吴庆波,李永涛.山西省党参生产环节及农机装备应用指引[J].当代农机,2023(3):11-13.

[49] 周云.服务通航产业发展背景下高校人才培养模式的构建研究:以江西经济管理干部学院为例[J].中国管理信息化,2021,24(23):192-193.

[50] 宗莉莉.煤化工行业绿色供应链管理实践与解决方案[J].现代企业,2023(11):40-42.